莊子的幽默禪

李 開 濟 著

文史哲出版社印行

國家圖書館出版品預行編目資料

莊子的幽默禪 / 李開濟著. -- 初版. -- 臺北市：
文史哲,民: 90
　面 ； 公分
ISBN 957-549-392-3 (平裝)

1.周莊, 周 – 學術思想 – 哲學

121.33　　　　　　　　　　　　90017437

莊子的幽默禪

著　　者：李　　　開　　　濟
出版者：文　史　哲　出　版　社
登記證字號：行政院新聞局版臺業字五三三七號
發行人：彭　　　正　　　雄
發行所：文　史　哲　出　版　社
印刷者：文　史　哲　出　版　社
臺北市羅斯福路一段七十二巷四號
郵政劃撥帳號：一六一八〇一七五
電話 886-2-23511028・傳真 886-2-23965656

實價新臺幣三二〇元

中　華　民　國　九　十　年　九　月　初　版

莊子的幽默禪

目次

莊子的幽默禪

前　言

　　不少佛門人士先精讀儒典，再探究老莊，最後選擇禪宗為依歸，這似乎已成為固定模式。筆者在大二時愛極莊子，矢志以莊周生為師，但沒料到大三時接觸佛教，悟入百丈懷海與溈山靈祐的一段公案，此後一路探源，步入佛門，尋思解惑。將近卅年歲月，再重新賞析莊子，仍然珍視莊子的活潑個性與創造力，創造力是藝術的源頭，也是智慧的流露，學不來，也作不了假！所以在鑽研佛藏三十年後的今天再來看待莊子，算是給自己一個挑戰，一種心靈的敞開，契機相應的呼喚！

　　為何把莊子與禪結合在一起呢？佛門的衛道之士一定排斥老莊，謂之「外道」，若以唐朝圭峰宗密的分類法來說，禪有五種：凡夫禪、外道禪、小乘禪、大乘禪、最上乘禪；莊子思想中有修養工夫，有超越的境界，符合凡夫禪與外道禪的定義。不過若以莊周自己的意見來看，可能他會嗤之以鼻，不屑一顧。

　　宋朝大慧宗杲為禪名取了三十六個綽號，其中有無事禪

、方寸禪、逐日長進底禪、海蚌禪、蝦蟆禪、葛藤禪……這些請參閱《華嚴禪》(註一) 宋代祖師禪是標榜個人風格的，每位禪師個性不同，禪風當然有異，有的潑辣、有的溫文，像臨濟宗與溈仰宗，就是極端之比較。如果我們把「禪」的定義放在：

超越性、洞察性、絕對、解脫、自在、的智慧……；那麼莊周不折不扣地是一位大禪師，不必硬計較於時間先後，說「禪」是唐朝六祖惠能才開創的，莊子是戰國時期的人，不適合比附於禪…。以禪的精神來講，它沒有時間、空間的限制，它互古常存，誰懂得超絕的道理，誰就領悟了禪法。禪與道，二個名詞只是人類的辨解工具，不值得太計較！

　　所以筆者打算以一個跳出佛門，又不是道士的「閒人」身份，重新品嚐莊子思想中的禪趣，發掘他的幽默、風趣、可愛，還有一些他誠懇地對於道的執著！若非這份潛藏的執著，世間豈會留存不朽的莊學！

　　莊子的背景：莊子的年代距離我們大約有二千三百多年，他的生平、籍貫，甚至於名字，都模糊不可考，只知道司馬遷的《史記》中說他與梁惠王和齊宣王同時，曾經楚威王派使者厚幣迎聘他，今日猜測他的生卒年，約略是在西元前370～270 年之間，他曾在梁國蒙縣任漆園吏，這個地方大約在今天的河南歸德商邱縣一帶。

　　他的名字怎麼來的？只能根據「齊物論」中莊周夢蝶一段與莊子惠子相交談的對話中得知，其實名字對於一位「禪道人」而言已經不再重要了！只是一個代號而已！

　　莊子的幽默是源源不絕的，這是他的第一項特質，他在
「寓言」篇中對於自己的文章作有衡量：「寓言十九，重言
十七，巵言日出。」亦即他所說的話中，十分之九都是寓言
故事以寄深意，由於對歷史精熟，他會亦莊亦諧地假冒古人
之口說出自己的意見，這種假藉權威人士之口的方式是重言，
約有七成；至於其他的雜話、閒話、鬼話、夢中語、天馬行
空的虛幻對話，支支節節，無法計算，故說巵言日出。

　　如果仔細地玩味，莊子的寓言中有大半是譬喻或類比，
不純然是寓言，西洋文學的寓言有一些要求：

　　1.寓言必須是一則有頭、有尾的故事，具備結構。

　　2.角色擬人化。

　　3.純屬虛構，非紀實。

　　4.文體以散文表現，少數用詩歌戲劇表現。

　　5.透過故事，其中寄有教訓與啟示，是間接的暗示。(註
　　　二)

　　莊子的文思十分迅捷，有時不待完成一個虛構的故事，
他更善於類比式的思考，以譬喻的方式來諷刺人，所以發現
他的譬喻數量是寓言的二倍；這些有趣的例子中我們可以發
現海闊天空的奇妙神思！

註一：請參閱《華嚴禪》－大慧宗杲的思想．p.166～177。

註二：請參閱顏崑陽著《莊子的寓言故事》p.122。

春篇：寓言

第1則　大鵬鳥展翅入青天

　　傳說北方的大海中有一條鯤魚，它的寬有數千里，長度算不清，這條神奇的大魚有一天變化成為一隻好大的鵬鳥，這隻大鵬鳥的背不知有幾千里長！它拍拍翅膀，振翅南飛，伸展開的雙翼好像天空邊垂懸的雲，其大無比，激起下面的水花三千里，昂首直上，可達九萬里高，超越了浮雲，好像背著整個青天，向南方飛去！

　　地面上的樹林子裡有一隻小蜩和學鳩在取笑它：「幹嘛那麼累？我拼命的飛也只不過飛到榆樹和枋樹那兒，有時候飛不到還會掉在地上，哈！那隻大笨鳥何必先向上提拔個九萬里再向南方飛？真累！」

　　池塘畔的小麻雀也嘲笑說：「他要去哪裡呀！我這麼跳上跳下的，也不過幾十尺而已，左右四週也都在蓬蒿之間，再怎麼飛都是這樣嘛！他到底要去哪裡？」

　　莊子認為：這其間的差別就是「大小之辯」，河水如果不深厚的話，無法通行船隻；風力如果不夠強，就無法容納大型飛行物。

　　經驗、見解、智慧、志向、胸襟、氣度，乃至於年紀，

都有大小之別，眼界寬廣的人如何能讓心胸鄙吝的人了解呢？志向恢宏的人如何能向器量褊急的人道明心志呢？所以說：細菌的生命短暫，它不會超過月圓月缺之間，秋蟬的生命雖然比菌子稍長，但也長不過一春一秋，烏龜的長壽可能五百歲為春季，五百歲為秋季，至少可以活個二千年；上古的神木更有以八千年為春天，八千年為秋天的，活個三萬年不成問題！今人把彭祖當寶，他也只不過活了八百歲，還不如神龜呢！以小為大，豈不悲哀！

——逍遙遊

　　在「逍遙遊」中莊子講述鯤魚和大鵬鳥的故事一共三次，應該是有感而發，有時候人的志向鄙吝，真的莫名無訴，曾經在一家小出版社，一位孕婦撫摸著胎兒對另一位博士生說：「真搞不懂你去讀那麼多書要做甚麼？我覺得有了孩子就一切都夠了！」那種情景正是大鵬鳥與小學鳩之間的對照！立場不同，見解有異；眼界放寬，自然心胸氣度也隨著變化。

　　莊子在這則寓言中拓寬了宇宙視野，空間無限延伸，湯問棘說：「上下四方有極乎？」棘說：「無極之外復無極也！」我們只知「太極生兩儀」，太極之上有「無極」，窮極玄辯的人希望再知道：宇宙的邊緣還有甚麼？這在印度佛教中是「有邊無邊乎？」去請問釋迦牟尼是會碰個軟釘子的，不予回答。莊子的個性不同於孔子的實際，也不同於佛教的「拔苦與樂」解脫究竟觀，他敞開了一個想像的虛幻空間，既然無極之外尚有無極，那麼為何大魚不能變化為一隻大鵬鳥？

生命是變化形成的，多麼奇妙！誰說不行呢？佛教「金剛經」不就有胎、卵、濕、化四種型態嗎？化生也是一種生命現象啊！

在莊書的篇首，莊子以小知對大知、小年對大年，從時間上做了鮮明的對比，朝菌、秋蟬、神龜、古木，令人明瞭易懂，也不得不承認：生物界的確有這些東西存在。空間呢？說的更妙：「風之積也不厚，則負大翼也無力。」現在的航空飛行器不就是最好的例子嗎？飛機起飛時的確要向上攀昇幾千英哩，溫度降到零下四十度，坐過飛機的人來看莊子，不禁莞爾！

第 2 則　朝三暮四

　　《列子》黃帝篇有這麼一則故事：一位養猴子的人拿栗子給猴兒們，並且說：「給你們早上三顆、晚上四顆。」猴兒們都很生氣，齜牙咧嘴的，猴主人趕快哄它們，改口說：「好！好！好！早上給你們四粒，晚上三粒！」這下子猴兒們就心滿意足地接受了。

——齊物論

　　這則成語的本意與今日所用有出入，現代人用「朝三暮四」是指心意變化不定，改變太多。但莊子的本意是說：徒耗心思在名相上，其實早三晚四和早四晚三一樣都是七，既不賺也不賠，不增也不減，何必動怒添長悲喜情緒呢？外表有不同，內部骨子裡仍然一樣，所以在徒然的喜怒哀樂之外，要看透表象，無是無非，無可無不可；是即非，非即是，把「是」與「非」的界限打散，是非是，非莫非，「是」與「非」相均平，如此價值觀與倫理判斷，社會成見都會產生改變。

　　社會中的勞資糾紛，選舉前的亂開支票，或者像公司發不出薪水，叫員工寫借條向公司借支，明明是公司拖欠薪水，倒反過來拿了借條說員工在向公司借錢！這其間是一筆甚麼糊塗帳？選舉前承諾要送每戶一台淨水器，選上之後絕口不提，這種食言而肥的行徑比「朝三暮四」還要糟糕！莊子舉這則猴子笑話不知是否譏笑某些人常耍猴戲？人模人

樣地穿戴起來，說人話、食人食，但骨子裡不是人！台上與台下，只是一場猴兒戲！

第3則 麗姬嫁夫，先泣後喜

在艾地有一位戍守邊疆的兵士，他的女兒叫麗姬，起先被晉國人抓去，鎮日哭哭啼啼，後來被送到晉王面前，得到寵愛，不但吃得好、穿得好，還與王同睡在一張華麗的大床上，這時才知道過去幾天是白白哭泣了。

——齊物論

這段故事與生死觀有關，也和夢有關，莊子認為：一般人看不透生死，凡事只看一邊，顧前不顧後，知生不知死，貪生又怕死，就像這位鄉下女孩子，沒見過大場面，碰到事情沒主意，只會哭，她哭泣的事情正是令她破涕為笑的同一件事，為何會為同一件事既悲泣又歡笑呢？不是顯得很幼稚愚蠢嗎？

有的人白天活的悲哀，晚上作夢，在夢中飲酒作樂；有些人白天奔馳山林，打獵尋樂，夜晚卻做了惡夢。做夢之時不自知在做夢，醒來以後才覺悟，所以人生如夢，且夢中有夢！何時大覺大悟呢？我們此時是醒還是夢？怎麼保證這不是一場夢中之夢呢？

第4則　陰影和罔兩

在光源的照射下，物體產生影子，如光源有多數，或者視角偏斜，影子還會有偏斜的微淡影子，我們稱這種較弱的偏影為罔兩。

有一次罔兩很不耐煩地問它的主人：「剛才你走路，現在停下來不走；一會兒你坐下來，一會兒你又站起來，你煩不煩呀？怎麼如此沒有自己的主見與操守？」

影子感覺冤屈地答辯：「我是有所依附才這樣的呀！我所依附的主體另外又有依附呀！你看蛇的滑行是靠腹下的鱗片擺動，夏蟬的飛翔是靠雙翼，我的行動不是自己能作主的，必須有所依附，我怎麼知道何時動？何時不動呢？」

——齊物論

罔兩依附在影子上，影子依附在人體上，人呢？是否又再依附什麼？人本身能自作主宰嗎？莊子暗暗指出：人也是有所待的！待什麼？身不由己！為工作、為權勢、為虛名、為理想、為家庭、為社稷……理由多著呢！凡有所求，必有所待，像個傀儡，被線所繫，受他人操控。莊子的觀察力與洞視力都敏銳無比，從一般習以為常的影像聯想到依附體與主體之間的主奴關係，人真的能自己作主嗎？焉知他不受到更多繫縛！

第5則　自由的山雉

　　草澤邊有野生山雉，隨意的十步一啄食，百步一飲水，它寧可自己在荒地中求生，不希望被人畜養在樊籠中。那些衣食飽厚的生靈，即使神智清楚，也不見真的自在。

——養生主

　　如何養活自己而又保持自由自主？莊子暗示了物質的必要性與負作用，不要以為被人供養是好事，被人畜養就要受到限制，形體不自由，自己無法作主；連一隻野山雞都懂得自由的珍貴，何況是人呢？

　　富貴榮華不是牢籠嗎？莊子不明講，寓意在其中，悟得此意正是禪境！自由在哪裡？在牢籠之外，在無所求之中。

第 6 則　　樹神與木匠

中國人每見到高大漂亮的樹，就會特別尊敬它，認為上面必定附有樹神，這個習俗由來已久，在春秋戰國時期就有了，這種拜樹為神的舉動，屬於庶物崇拜的一種。

古時候以二十五家為一個單位，形成一個「社」，也就是後來社會、社團的先聲；也有時在一棵特別大的樹附近，自然形成一個社，大家都來祭拜，以求得福份。

有一棵非常高大的櫟樹，它的樹蔭能遮蔽一千隻牛群，它的樹幹要一百人圍起來才抱得住，它高的像山，光是樹幹就有七、八十尺高，上面長枝葉，每一分枝都很粗，看來似乎可以用來作為舟船，數量至少在十多根以上。

二位木匠師徒一塊兒去齊國，半路走到曲轅這個地方，碰見有一大群人在駐足圍觀，木匠師徒問人在看什麼？眾人指著這棵大櫟樹在嘖嘖稱奇！師父瞄了它一眼，不屑一顧地逕自向前走，懶得再多看，徒弟倒是多留意了幾眼，然後才追上師父，對師父說：「自從我手持斤斧跟隨先生以來，從未見過這麼好的木料，先生您卻懶的看，不肯停下來，是為什麼呢？」

木匠師父回答：「哼！別亂誇了！那種爛木材！要是拿來做舟船，鐵定漏水沈船。用來做棺材，沒多久就朽爛掉。做傢俱會很快毀壞，當門戶會出水，做樑柱也會長蟲。這種不成材的東西，根本一無所用，所以才會讓它長這麼高，活

這麼久！」

　　回到家裡，晚上木匠師父做了一個夢，夢中那位櫟樹神現身說話：「你拿我跟什麼比呢？你以為有用的是文木，沒用的是散木。那些水果類的梨木、柚木、橘子樹、芒果、栗樹之類，果實熟了，就被人摘剝、折小枝、鋸大枝，這正是受苦的原因！無法得享天年而中途夭折，這不是自找罪受嗎？世間萬物莫不如此！我跟他們不同，我的志向只求無所用，我就愛一無所用，曾經多少次歷經死亡的邊緣，到現在才保得住性命，嘻！這才是我的大作用呢！我若是符合一般人有用的條件，還活得到現在嗎？能長的如此高大壯碩嗎？哼！你呀，和我一樣，都是萬物之一，大家都是志在求生，你何必對我品頭論足呢？你自己都自身難保了，只是個散人，哪裡懂得我這棵散木的心志呢？」

　　夢中的木匠慚愧地流了一身汗，夢醒之後，想想很有意思，告訴徒弟昨晚的奇特夢境。徒弟很明智的反問：「這棵大樹如果真的企求一無所用，它又何必當樹神來受人膜拜呢？」

　　師父想了想，說：「唉！別再多說了！它一定有它自己的用意。它也不過是寄附在社樹上，少遭一些不懂事的人亂訕議。若是不當社樹，遲早還是會被人砍伐掉的！它也未必喜歡受人膜拜，這只是一種自保之道，我們不宜再論斷它！」

　　　　　　　　　　　　　　　　　　　——人間世

第7則　不材之材

　　南伯子綦在河南商丘縣附近逛，看到一棵很大的樹木，長的特別不同，它的樹蔭寬廣的足以遮蔽一千輛大馬車；子綦口中喃喃自語說：「嘿！這是什麼樹呀？它一定有它的奇妙之處！」抬起頭來觀察它的樹枝，都呈拳曲形狀，不能蓋房子；再低下頭看看根部，它的中心部份分裂開，也不能當作棺槨用。嚐嚐它的葉子，一碰到嘴唇就剌剌麻麻的，很不對勁；再嗅嗅它的氣味，天哪！刺鼻的很！氣味很衝，臭的令人三天忘不掉！

　　子綦在樹旁沈思道：「這就它的生存之道！不材之材，才能長這麼高，眞是神奇喲！以不才而成其材！」

　　宋國有一片荊氏地，它的地質很適合栽種柏樹、桑樹、楸樹，所以只要長到某個程度，就有人來砍伐它；細一點兒樹的一手可獨握，二手可合握的，能夠當作耍猴戲的栓柱；三圍四圍粗的，可以用來蓋華麗高屋；長到七圍八圍寬的，正好用作有錢人家的棺材。反正這些好木料都活不長命，活到中途就夭折於斧斤之下，這就是它成爲好材料的下場！

　　　　　　　　　　　　　　　　　　——人間世

　　你要當個有用的人？還是沒用的人？這涉及到價值觀，像墨家與大乘佛教、社會主義者、集體主義者、國家主義者，都主張一己爲社會國家所用，以服務人群爲己任，莊子的著眼點很特別，這些社會價值觀在他眼中都不存在，事

實上他也未必會求「不材」，而是發現「不才之材也是一種才」，這就相當於滿地皆是藥草，天地無棄民，萬物無廢物，在大醫王的眼中看來，一支沒有用的小草也能當作藥，再沒有用的東西都有它積極有用的一面，真的沒有用，當垃圾也能滋潤大地呀！所以善與惡之間、黑與白之際、長與短之間、美與醜之比，紅花配綠葉，釘子瓦礫配合雕樑畫棟，有用與無用的分際實在很難說，從不材之才的角度來思索的確令人深思！

第 8 則　淡漠無私

　　天根遊於陰陽界，在蓼水之上，碰到一位無名高人，天根向他請教：「請你教我爲天下的方法！」

　　這位無名高人說：「去！你這沒見識的人！惹我不愉快！我正在跟造物者交朋友，然後騎乘莽眇清靈的大鳥，飛出六極之外，肆遊無何有之鄉，在壙野中逍遙！你爲何要用治理天下的話題來觸惱我的心呢？」

　　天根一再哀求，不得已，無名高人只好告示他：「唉！只要你遊心於淡泊，調合形氣於漠然不動情，順著萬物自然發展變化，心中無私念，天下自然治理的好！」

——應帝王

　　心思淡泊，氣息漠然無情，心中無私慾、無私念，順隨大自然的一切變化，如此眞的能「天下治」嗎？這是個無解的問題，孔子擁有許多治國的理念，但終身不見用，莊子不也一樣？雖然主張不同，但很難相信淡漠之道能治天下，也許「治天下」不要以政治眼光來看，而是以自處之道來看待！天下「治」或「不治」，又涉及到語言層面問題，此一是非，彼一是非，在思辨治與不治的當際，驗證與否豈非又是一層是非？嘿！這可就非淡漠之道了呀！

第9則　面相學

　　有一位齊國的巫師叫做季咸，來到鄭國，他精通面相和巫術，一見人就知道此人的福禍壽夭、生死長短，把發生的時間都說得很準確，**靈驗**的很，所以鄭國人民一見到他反而感到害怕，不但不好奇自己的福禍，反而心生恐慌而逃走。列子見到此人崇拜的很，回來告訴他師父壺子：「師父，我原本以為您的道法很了不得，現還有人比你更高明喲！」列子因為被季咸看過了面相，說中了往事，所以驚訝其相術，在師父面前不住地稱讚巫師。

　　師父壺子莫可奈何的說：「過去我所傳授給你的，都不過只是道的膚淺表面，根本還沒深入內裡呢！世俗的巫術豈能代表完全的道？若要以道術來與世間相抗衡，那就需要有一些經驗。你說他的相法很準確，是吧？那好，明天你去請他來給我看看面相！」

　　隔天列子帶了巫師去老師家，見過壺子之後告別而出，巫師在門外悄悄對列子說：「嘻！你的老師活不久了！不出十來天啦！他的面色如灰，毫無生氣哩！」

　　列子聽了心中難過，泣涕沾襟地全部告訴老師，壺子微微一笑說：「這樣麼？剛才我心中觀想大地，心念茫昧不動，他見到的是我的杜絕生機，也不算錯！明天再叫他來！」

　　隔天，巫師又來到老師家，見面之後告退，在門外對列子說：「嘿！好佳在！你的老師幸好是碰到我哩！有救啦！

他有生機啦！今天他的氣色有一些變化呢！」

列子入內告訴老巫師季咸所見的情形，壺子說：「剛才他來時，我心中觀想著天地之際，名實不入，留一息生機在足底部，他說見到我的氣色變化，是正好看到我的一線生機放在足部之時。明天你叫他再來！」

次日，季咸巫師見過壺子後，在門外對列子埋怨：「你的師怎麼氣色不定呀！我看不出來！等他穩定一些，我再來看他！」

列子入室告訴老師今天巫師的所見，壺子說：「剛才我心中觀想的是宇宙太虛的氣機流盪，他見到的正是我在調理變化氣機，所以他說面色不定。平靜之水，深處可成淵。流動之水，深處也能成淵。大魚在海中翻滾遨遊之處也能成淵。能形成深淵的情態一共有九種，修道人的生機氣息正是深淵，我只不過表露了三次，明天你叫他再來吧！」

明天，巫師才來，一見壺子，站都沒站穩，就大驚失色的落荒而逃。壺子叫列子去追回來，但追不到，只好作罷。師父對徒弟說：「我剛才還沒完全出示吾道真宗呢！我的心思完全沒有定向，只是隨順應變，不知自己是誰？一忽兒似乎像茅草飄搖，一忽兒又像水波流蕩，洋洋溢溢，我完全沒有定意，也難怪他要奔逃啦！」

列子自此方才了解師父的道法高超，不是巫師的相術所能相比的！是自己太鄙小，以少為足，真的對不住師父！列子在深深反省之後返回家鄉，三年不外出，為他妻子燒飯，飼養豬隻十分善待它們，好像在侍候人類。對於事務無所謂

親疏差異，生活純樸，一絲無華，他的形神渾然不動，心氣合一，一生終是如此。

——應帝王

第 10 則　通七竅

南海海神名叫倉促，北海海神名叫忙碌，南北二神交情很好，經常在中間海域會面，相談甚歡。中間海域的神名叫純樸自然，待人和樂，經常接納南北二神，以盡主人情誼。倉促與忙碌有一天忽然突發奇想：認為純樸自然待他們很好，他們應該有以回報！如何報答恩德呢？他們想了想，嘿！有了！「人類不都長有七竅嗎？每一竅都有作用：能視、能聽、能嗅、能食、能聞、能觸、能覺，每一竅都通了才是開竅聰明，這個渾沌純樸自然，就是不開竅，我們來幫他開竅吧！」

說定了，二人合力，每天幫渾沌的純樸自然開鑿通一竅，鑿著，鑿著，第七天，渾渾沌沌的純樸自然就死了！

——應帝王

世人以為耳聰目明是真開竅，值得羨慕，渾沌的純樸顯得遲鈍，少有人珍惜。精雕細琢與天真樸實，何者最美？科技文明與鄉野蠻荒，何者有價值？取捨之間令人猶疑！

第 // 則　莊周夢蝶

　　不記得在多久以前，莊周夢到自己是一隻蝴蝶，身體輕飄飄的，在空中悠悠然飛翔，似滑行，似飛舞，忽高忽低，前前後後，這種悠悠然的感覺，漂浮在半空中，夢中的蝴蝶不知自己是莊周；唉！等到夢醒了，身體墜落回平面，仍然躺在木板床上，又回到了莊周的笨重軀殼裡。

　　再回味夢中的情景，週遭的花園景色，輕飄飄游移的身形，咦！不知是莊周夢蝶？還是蝶夢莊周？飛翔的滋味如此美妙！我本是一隻蝴蝶嗎？暫時來到人間，幻化作莊周嗎？噢！我是蝴蝶嗎？蝴蝶是我嗎？欸！這有什麼分別呢？

——齊物論

　　為什麼遊樂場的海盜船令年青人大叫過癮！刺激！海盜船的搖幌與夢中飛翔的感覺十分像，或許在夢中飛翔的經驗並不普遍，所以現實界的海盜船生意如此好！飛翔的滋味令人回味再三，從空中往下面看，視域不同，眼界有別，這也跟莊子以大鵬鳥自喻有關，飛的越高，看的越寬廣，想法、見地都與平面不同，對於沾執地面一角的生物來説，小小空間是它們的全部，有飛行體驗的人來看，長、寬、高，縱向、橫向、上下十方虛空、完全無垠無限，視域的寬廣如何對地上的小人物描述呢？時間與空間都是無限的無限！唉！難以言喻啊！

第12則　水氣鴻濛與雲

天上的白雲是地上的水氣昇騰，遇冷，凝聚成團。水氣鴻濛是雲朵的組成分子。

天上的雲朵變幻萬千，有各種形狀，各種顏色，通常雲行雨施，滋潤大地，它在蔚藍的天空中自成一幅廣闊無邊際的王國。

雲大王打算向東方遊巡，經過高大的森林時，看到樹梢頭水氣瀰漫，雲兒的始祖元尊水氣鴻濛在這兒。短小胖圓的水珠兒正在拍肚皮，跳跳蹦蹦在樹梢頭玩。雲大王不知它是誰，停下來，盯著它看一下，問道：「老人家！你是誰呀！老人家！你怎麼會在這裡？」

調皮的水珠兒拍拍手掌，雀躍不已地說：「遊！」

雲大王說：「朕有話要問你。」

水珠兒並不因對方是「朕」而卑躬曲膝，反而抬頭直視說：「吁！」

雲大王問：「天氣不和，地氣鬱結，春、夏、秋、多四時不節，喜、怒、哀、樂、愛、惡六氣不調，現在情形如此糟糕，我希望能以六氣精華來撫育眾生，我該怎麼辦？」

水氣珠子拍拍它的小屁股，掉頭跑掉說：「不知道！不知道！」

雲大王碰了一鼻子灰，這個大王當的真窩囊！無法呼風

喚雨！

　　又三年，雲大王巡行，經過宋國原野，又碰到水氣鴻濛老祖宗。雲大王這次不敢倨傲，向前趨進，稽首問安說：「上天！您還記得朕嗎？上天！您還記得朕嗎？」他表示希望聽取老祖宗幾句話。

　　水氣鴻濛說：「我一向四處浮游，不知有所求。猖狂成習慣，無固定去向。遊心於無用心之處，以觀無妄！我什麼都不懂！」

　　雲大王嘆了一口氣說：「我也以為能夠猖狂地浮游於天空中，可是其他的雲兒都愛跟隨著我，不要他們跟，後面卻跟著一大片！我去哪裡，他們就跟到哪裡，我對他們實在是不得不理會，他們還都愛仿效我，唉！我該怎麼辦呢？」

　　水氣鴻濛說：「如果違反天常，阻逆萬物之情，就無法成就天德。你顧此失彼，解救了地上的野獸，卻會驚嚇到樹上的鳥兒；整治了草木，卻又禍及草木中小昆蟲，不可能面面俱到，這就是治人之過啊！」

　　雲大王問：「那麼我該如何呢？」

　　水氣鴻濛答：「政治是毒物呀！別碰它！你還是回歸本然的狀態吧！」

　　雲大王又請教：「老祖宗，我很難得遇見你，請您再多教我一些吧！」

　　水氣珠兒說：「嘿！靜養自心吧！只要處於無為狀態中，萬物皆自化。放下形體之累，棄捨自作聰明，逐漸就能忘物。心同於自然，心解、神釋，漠漠然，主體性不存。天

地萬物皆復歸其根，復歸其根而不自知，內心渾沌純樸，才能近於天德，若心中一念有知，反而遠離天德。不用多問名稱，不用多窺內情，這樣萬物自然會生長的很好！」

雲大王很感謝的說：「上天降朕以德，上天示朕以默。我親自請求賜教！現在總算得到了答案！十分感謝！」

——在宥

從水珠兒口中道出：治道總是顧此失彼，挖東牆，補西牆，人為的政治豈有十分完美的對策？莊子對於社會現象看的很透澈，所以對於政治並不寄以太多期望。在《莊子》一書中評論社會亂象與政治失策的文章有不少，可以了解：莊子頗知政治，但他的身世背景如何？為何他懂的如此透澈？這又是一個謎，一個難解的身世之謎！

第13則　罔象得珠

　　黃帝在赤水的北方出遊巡視，攀登巍峨雄壯的崑崙山，站在山巔之上，向南方眺望，風寒凜烈，在還歸下山的途中不慎遺失了懸掛腰間的一顆玄珠，哎！這可是寶物呀！為什麼弄丟了？掉在哪裡呢？它很稀有難得，掉了它，整個人好似失魂落魄，不行！一定要找回來！

　　黃帝派智慧大臣去找，遍尋不到。

　　再派千里眼離朱去找，也找不到。

　　再叫能言善道去找，還是找不著！

　　最後只好叫無形無相的罔象去看看，諸臣當中，每位都有長才，唯獨這個無形無相的罔象比較庸碌，沒什麼才能，黃帝心中失望極了，派這個不是材料的罔象去找，大約也是白搭，無功而返吧！唉！

　　沒想到！無形無相居然找回了靈妙的玄珠，這顆玄珠其實與世間五顏六色的珠寶大不相同，它無強烈的色彩，而是澄淨透明，輕靈光澤，順隨心意變化。罔象雙手捧著靈妙的玄珠，交還給黃帝，黃帝很驚訝的說：「哎呀！你們這些聰明才智都找不到，只有呆頭呆腦的罔象才能找得到玄珠！真是奇特喲！」

——天地

　　達摩祖師在當香至王子時，有高僧問他：「世間何物最

珍貴？」香至王子回答：「世俗珠寶不足貴，只有心中智慧之珠才最珍貴！」

　　這顆心中靈明之珠如何才能保持住？用世間的機巧奸詐是沒有用的！唯有坦白、正直、誠懇、樸實、不虛榮、不貪財、摒棄外在雜質，才能保住心中的靈明之珠。

第14則　福、祿、壽、喜

中國人一向喜歡福、祿、壽、喜，在結婚喜慶之時，祝福新人早生貴子，多子多孫；作壽過生日時，祝福主人壽比南山，子孫滿堂；作生意新開張時，祝賀店家財源滾滾來；當官的希望步步高陞，讀書的希望金榜題名；過年時的春聯全都是吉祥祝福的好話，相互祝福是中國人的一項文化。

唐堯登帝基後，到陝西省的華縣去視察。當地的邊疆看守人笑咪咪的前來問候：「嘻！聖人呀！請容我向你祝福！」

堯看了守封人一眼，微笑不語，表示默許。

守封人祝第一願：「祈求上蒼賜您長壽！」

堯想了想說：「我不想活太久。」

守封人祝第二願：「祈求上蒼賜予您大大的財富！」

堯思索了一下說：「我不稀罕財富！」

守封人祝第三願：「祈求上蒼保佑您多子多孫！」

堯皺了眉頭說：「我不要太多孩子！」

守封人感覺奇怪，問堯：「一般人都想要長壽、富貴、多子多孫！為何你不要呢？」

唐堯微笑的向這位善良的守封人解釋：

「孩子生太多，怕養不活。太有錢也會有麻煩。太長命也會造成累贅。福祿壽喜這些世俗東西並不適合於修養品德，它對於培育天德是困擾麻煩，所以我不要！」

　　沒想到這位荒涼邊疆的守封人竟然說出十分高超的見解，他不同意高貴的帝堯的修德之說，反而指出他的不足之處：「上天生養萬民，一定有一口飯讓他吃，多子多孫不必怕養不活，老天爺自然會養，您何必操心？有錢可以幫助窮人，做善事也得要有財富，富裕而人人共享之，豈會多事麻煩呢？財產分給大家不就好了？聖人的生活是無心求衣食而衣食自然得，他的言行不造作刻意，天下有道時，他與萬物皆共同昌榮快樂；天下無道時，就避世修養；活上一千年，若不想待在世間，那就上昇飛遷，騎乘白雲，飛到天帝的故鄉，人間的老、病、死三災不至，身常無殃，又豈會有什麼累贅羞辱的呢！啊哈！我原本以為你是聖人呢！原來你只是一位修德的君子！」

——天地

　　上天會養活萬民，這個觀念在佛教中也有類似的說法，中國佛寺裡經常如此安慰住眾：「一位羅漢一份齋。」意味不要擔心廟裡的糧食不夠，由於佛寺倚賴信眾的布施，住在大都市的廟裡經常香火充足，但住在深山裡的小寺廟就沒如此幸運了！所以萬一碰到開壇傳戒，一住個把月，戒子、戒師、幫忙打雜的住眾至少有一千人以上，這麼開銷下來的伙食費實在不少！管理糧食的人一定會焦急，此時其他人就會安慰道：「每位修行人自身都有福報，龍天也會護法，這壇戒傳下來，不知成就多少菩薩！裡面一定有菩薩、羅漢轉世的！他們自有其福份！不必怕沒飯吃！」

　　同樣的，一個家庭中生幾個孩都是定數，不一定只有有

錢人家才能多生孩子，也有些有錢人家無子嗣呢！生養子女
是一種緣份，不必完全以經濟條件爲考量！

第15則　渾沌之術

　　孔子的大弟子端木賜子貢向南旅遊，去到楚地，再返回於晉，經過漢水南邊時，看見一位老農夫正在治理菜園子，他很辛勤的鑿井挖坑道，以一只甕瓶裝滿水，搬來抱去的澆灌，只聽到吱咕吱吱的流水聲，看來很吃力哦！

　　子貢於心不忍，好意的向老農夫打聲招呼，他說：「老伯，現在有一種機械能抽出地下水，一天就能澆灌一百條園畦，速度很快，不必費什麼力，經濟效益很高，你不知道有這種抽水機嗎？」

　　老農夫蹲在井邊，抬頭仰視子貢，問他：「這種機械怎麼用呢？」

　　子貢耐心地向他描述：「它是用木頭削鑿成槓桿，前頭比較輕，後頭比較重，取水很快速，像抽動流出一般，也像湯煮沸了擴散開來一樣，十分省力，而且大量，它的名字稱作槔。」

　　老農夫不屑地撇嘴笑他：「我的老師說：有機械者必有機事，有機事者必有機心。機心存在胸中，失去原本的單純潔白，心神不定，只要一旦心神不定，就遠離了自然之道！我不是不知道用省力的方法，而是不屑為之！」

　　子貢被他一講覺得自己是自作聰明，感到羞愧，沒說話。

　　過一會兒，老農夫看他還在那兒不走，問他：「你是幹

什麼的？」

　　子貢答：「我是孔丘的學生，路過此地。」

　　老農夫並不傻，他知道誰是孔丘，「噢！就是那個自以為很博學，一心想模仿聖賢，隨順世俗之見，獨弦哀歌，以賣名聲的那個人呀！嘿！你們這些人還以為能忘神氣，棄形體，接近真理嗎？哈！你們自己都修不好了，還妄想來治理天下呀！哼！你快走吧！別給我礙事！」

　　子貢被羞辱了一頓，行了三十里路之後心情才恢復平靜。

　　回到魯國，見到孔子，把這一段抽水灌溉的糗事告訴老師，說他這一派在別人的眼中是如何的不中用。孔子沈思了一下，說：「這一般人可能是修渾沌之術的。聽說要修渾沌之術就要摒棄聰明才智，凡事不想深究其理，只知其一，不知其二；只治其內，不治其外；明白宇宙太素之道，無為，復樸，體性抱神，遊世俗之間，無欲無求，息心止慮。你覺得不可思議嗎？如此自甘落後，不接受文明的進步！嗯！這些奇怪的渾沌之術，不是我們知識份子所能理解的！」

——天地

　　老子與莊子都是抗拒文明進化者，老子還很嚮往「雞犬相聞，老死不相往來」的遠古鄉野自足生活，他哪裡想得到今日的大型音樂演唱會，二十四小時營業的網路咖啡店，年青人共同上網傳播資訊，全球科技知識交流……這些二十一世紀的「地球國際村」可能令老子莊子翻白眼哦！

第 16 則　上古之治

　　門前鬼和鬚鬚怪在空中觀看武王操兵，訓練軍隊，為攻伐商紂王作行前準備。這龐大的陣容，威赫的陣仗儀式，整齊的動作，威武的口令，在在顯得軍心振奮，實力強大。

　　鬚鬚怪不但不欣賞，反而「哼」了一聲說：

　　「比不上虞舜的軍事實力！他是自找麻煩！」

　　門前鬼搖頭幌腦的說：「你提起虞舜哪！是天下太平了之後才有虞舜？還是有了虞舜才能天下太平？」

　　鬚鬚怪說：「天下太平已經成為一種傳說的神話了！干他虞舜什麼事？舜的治理之術不過像個土郎中，禿子來了，給他長幾根毛；腸胃不舒服，讓他服幾帖藥。頭痛醫頭，腳痛醫腳，因病下藥。就像是個孝順的乖兒子，成天尋找各種藥方去為他父親治療沒藥救的重病，弄的自己精神不濟，面目憔悴。這種治理之術聖人是不屑一顧的！」

　　鬚鬚怪緩緩對門前鬼敘述古代歷史：

　　「上古之時，那時民風純樸，社會上沒有人標榜聖賢，也沒有愚不肖。不競爭出奇，也不耍詐賣弄。在上位者不干涉民政，他只要輕輕鬆鬆地自修身心，如立標竿即可。老百姓呢？也不受苦役差遣，只要自由自在地無所用心，輕輕鬆鬆的像野鹿一般自行其素即可。他的言行端正，不知什麼是義不義，彼此互相友愛，不懂什麼忠貞不忠貞！行為舉止恰

當，不擾人，不擔心什麼信用不信用；彼此之間往來單純，互相支持幫助，不計較誰在施恩，誰是受惠。唉！所以他們不認爲有必要作任何言教記錄，當然也沒有信史留傳下來。上古時代的全德之治至今已成爲一個神話了！」

——天地

　　莊子對一般人所崇拜的先賢聖王並不完全贊同，像武王伐紂，救飢民於倒懸之苦，這一段歷史莊子很清楚，但是他看的更深入，他不認爲「造反」一定有理，所以有幾次稱讚餓死在首陽山的伯夷、叔齊，不肯食周粟。

　　對於武王興師伐紂，莊子含蓄的諷刺爲：這種陣容還比不上武王之前數百年的有虞氏舜帝呢！一般世人對於堯、舜、禹、黃帝、周武王都是崇拜有加的，但在珍視天德的莊子來看，凡有所作爲都有負作用，戰爭的動機無論多麼正當，一定雙方會有死傷，如果連一具木頭削製的抽水機都不肯用的話，那怎麼會欣賞戰場上各式各樣殺伐攻敵的有力武器呢？戰爭必有後遺症，殘害生靈、妻離子散、家破人亡，接下來是社會浩劫，農作失時，整個中國歷史上承平時間少，戰亂災難多，深通歷史脈絡的莊子以他非凡的慧眼，指出「聖王之治」其實不是全德之治，只不過是頭痛醫頭，腳痛醫腳的應付之道罷了。

第 17 則　古人糟粕

　　齊桓公在明堂裡讀書，明堂外的庭院裡有一位老木匠在作車輪，他叫老扁，休息的時候，他放下椎子、鑿刀，看了一眼屋內的主人，與他閒聊說：「敢問：主人您在讀什麼書呀？」

　　齊桓公說：「嗯！這是古聖先賢之書！」

　　老阿扁問：「古聖先賢還活著嗎？」

　　齊桓公說：「當然都已經過世了！」

　　老阿扁很大膽地說：「那你讀這些死人書，只不過是一堆殘滓豆渣的糟粕廢物而已！」

　　齊桓公很不高興，面露慍怒之色說：「我這一國之君在唸書，你這個工人懂什麼？你給我說個道理來！說不出來就要你死！」

　　老工匠不在乎，他不懼怕一國之君，也不自卑身分低下，更不怕老命不保，反而笑嘻嘻的說：

　　「就用我所懂的事來作比方好了！我在鑿削、砍轉圓型車輪的時候，要輪子光滑、順利、堅實、耐用，如輪轉的慢些，輪圈是比較平滑，但不夠堅牢；如果轉的快速，它會有苦澀的阻力，而且車軸插不進去。到底轉輪要轉的多快多慢？全憑工夫經驗，得心應手之間是說不出來的，這種體會只有自己才知道，我沒辦法教我兒子這種訣竅，只能教個方

法，其中經驗要他自己去體會。我的兒子也必須有他自己一套的工夫經驗，不能全靠著我！如今我已經七十歲了，一輩子在製作車輪，也說不出個所以然！古時候那些人不也一樣！無論傳不傳，反正都死了，能夠傳授的都只是些皮毛，所以您大王所讀的書，不過是古人的糟粕罷了！」

——天道

　　莊子的年代不知是否已有士、農、工、商的社會階級？當時儒家興盛是可以知道的，從他的文章中有不少篇幅在批評仁義思想，或者糟蹋假仁假義的偽君子，這些資料足以顯示戰國時期儒家已經很興盛了！齊桓公的態度可以看出上下階級的尊卑，讀聖賢書，未必行聖賢事，與其讀書還不如「讀人」呢！

　　莊子交朋友的範圍很廣，販夫走卒、畸型殘障、木匠農夫……什麼都有，他觀察的角度也廣，已經跳脫了世俗成見的侷限，他只講到書，還沒談到教育呢！中國人受到儒家影響以為「萬般皆下品，唯有讀書高。」所以在社會上找工作時是以學歷文憑掛帥，非要高學歷不可，而且還崇洋，「遠來的和尚會唸經！」洋博士比土博士值錢。日本也過度重視文憑，倒是德國人想法比較實在，他們在高中畢業後不一定立即升大學，而是先體驗社會工作一、二年，再發現自己的性向與興趣。現代中國學生已成為讀書考試的機器，二十多歲的人了，心態還幼稚的很！像拍戲的影星，上街時車子被人撞，竟然蹲在馬路邊哭，口裡直喊著媽媽！不會找修車廠處理！唉！這豈不是生活中的智障？

第 18 則　眼界大開、望洋興嘆

　　秋天時水面泛漲，無論溪流河川都會高出平常的水平，此時水脈流量之大，淹沒了沙州河岸，那些原有的樹木、砂石、標記，全都看不到了，於是河神看著自己灌漲的飽飽的大河流，心中沾沾自喜，以為天底下自己是最大的一條河哩！

　　他順著水波向東行，來到北海，向東面望望，嘿呀！怎麼看不見邊畔？這一片汪洋無際又無邊，怎麼沒有河岸邊界線呢？太奇怪了呀！於是他才收斂了剛才的傻相，心中有所感悟的向北海神說：

　　「人家嘲笑那些足不出戶的呆子自以為博學多能，我就是那個鄉巴佬呀！以前別人瞧不起孔丘的多廣見聞，貶斥伯夷叔齊的假清高，我那時還不相信，現在我信了！我要是沒親眼見到你這北海的無邊無涯，以後我還真的貽笑大方呢！」

　　北海神微微一笑，說：「井底之蛙不知海有多深，天有多高，這是環境造成的。夏天的昆蟲生命短暫，不知有冬天的冰雪存在，這是壽命時間造成。禮教之人侷促於偏狹的見解中，無法懂得超越之道，這是礙於他所受的禮教。現在你已經走出了原先的崖岸，來到我這裡，看到了大海有多寬廣，眼界已開，我就可以跟你談一談大道理了！」

　　北海神接著說：「天下的水，莫大於海，萬川溪流都奔赴向它，不知何時才能停止？好像從來沒有止足之時。海洋的尾閭也會洩泄海水，流向何處，無人能知，似乎也沒有竭盡之時。春夏秋冬四時不變其量，水潦旱災也對它無損無傷，它所能容納的大小江河溪流，究竟有多少條？誰也數不清。我可從來不自以為多呢！我一向受蔭庇於天地，接受陰陽循環之氣，其實我在天地之間也很渺小，不過像一粒小石子，一株小草在深山中。這樣比方還不怎麼樣，我只是北海而已，天下不只有我北海而已，還有其他的東海、南海，我們這些大海加總起來，跟宇宙天地比一比，還是太渺小，像個小酒杯在大水澤之中，根本沒得比的！我們所居住的中國對於海內而言，不過像一粒米在大倉庫中嗎？中國之內還分什麼九州？交通往來，穀物米糧的生產、社會百業的營生，不正像馬身上的毫毛嗎？過去三皇五帝的朝代興替，王權的爭取，仁人君子所憂慮的禮教，苦命眾生為生存而拼命，都包括在裡面。清高的伯夷叔齊為了清名而自願被燒死，熱衷學術的孔丘接收徒弟為了博學，啊哈！他們其實也不比你強多少呀！」

——秋水

　　莊子這段文章為後代子孫增添了二個成語：「望洋興嘆」和「貽笑大方」。他的詞彙豐富，充滿了創造力。他在述說秋水灌漲百川之時，文字美妙，充滿大自然的景相意境，他的文思在中國文學史上立下不朽的典範，要模仿、要學習都不容易，只能羨慕他是位奇才！

第 19 則　羨慕

　　獨腳獸羨慕百足蟲。百足蟲羨慕蛇。蛇羨慕風。風羨慕眼睛。眼睛羨慕心。《山海經》裡記載：「東海附近有一座山，型如流波，深山中有一種怪獸，長的像牛，但頭上無角，身體只有一隻足，跳著蹦著走。它的吼聲如雷，**轟轟響**，名字叫做夔。」

　　這一隻腳的獨腳獸看到百足蟲蜿蜒的身形，很羨慕的對它說：「你看！你有這麼多隻腳，行動很快速，我只有一隻腳，要跳來跳去的走，你是怎麼辦到的？」

　　百足蟲說：「其實也未好！這一百隻腳不是每隻都有用，就像別人在吐口水，一口吐出來，有水珠，也有小泡沫，大小不一，大小是間雜在一起的，我的百足也是大小間雜在身上。我的走動速度快不快，我也不知道，反正就是天生這個樣子！」

　　百足蟲看見蛇沒有腳也可以游移，「咻！」的一下身體就進入草叢中，行動比它更快，很羨慕地對蛇說：「你多好哇！沒有腳就可以走路，比起我這百足來，真顯得礙事呢！」

　　蛇說：「我不必用腳就能快速游移，為什麼這樣我也不知道！」

　　蛇在地上遭人打撲，也會被大鳥吃掉，所以很羨慕天上的風。它告訴風兒：「我必須靠著腹部鱗片和背脊骨才能行

動，還是有所依靠，哪能像你呀！呼呼然從北海吹過來，呼嚕嚕又轉向南海，在空中迴旋來去，不必依靠身體，多好呀！」

　　風兒說：「我也不是全能的，我是受到命令才能吹刮的，雖然我可以吹折大樹、刮翻房舍、移山倒海，但這些只是小小的勝事，我是受命於天神的。真正的大勝恐怕只有勝人才成吧！」

——秋水

　　這則寓言還沒結束，下文的「風憐目、目憐心」沒有披露，莊子從地上爬的野獸，聯想到天上吹的風，從一隻腳到多足，從有足到無足，從有形到無形，他的思維向度超過一般人太多，尋常人腦袋裡想到是生存之道，競爭之技，爭權奪利，虛假名利，他竟然思索的是野生動物的心聲和對話，從地面到空中與風兒對談，多麼純真！可愛！又出人意料之外！

第 20 則　小蛙與大鱉

鄉間簡陋的破井旁一隻小青蛙告訴東海的大鱉說：

「我很快樂啲！每天我跳躍在井邊的圍欄之上，或者在欄杆內側的破磚缺口邊休息，有時在水裡撐著下巴碰觸手臂，再到爛泥裡打滾翻身！咦！那些小螃蟹和小蝌蚪們都沒有我這麼快樂！你瞧！這一潭深水只住我一隻青蛙，這可是我獨自享用的地盤呢！真是天大的幸福！你何不來參觀一下呢？」

東海之鱉移動龐大的身形，才剛跨進左腳，它的右膝已經碰撞到圍欄了，只好退回身體，告訴東海說：「哎！我們東海游行千里之遠也測不出它有多大，沈下浮上千仞，也不知它有多深。大禹治水的年代，十年當中有九年淹大水，也不見海水增加多少；商湯之時鬧大旱災，八年有七年不下雨，也不見海岸向下消沈。大海不受時間長短的變化，也不受水量多少的增減，這不也是我們東海的快樂嗎？」

小青蛙在旁邊聽的目瞪口呆，大驚失色！

——秋水

前面莊子以大鵬鳥與學鳩之間的志向大小相較，這一段寓言以井底之蛙和大海中鱉的見識相比，像是鄉下人進城，也像野人獻曝！諷刺人若能以這麼美的故事來作譬喻，也足以顯示莊子奇特的幽默感和優雅的風度！

第 21 則　物化

　　二位怪胎是好朋友,一個長的肢離破碎,另一個骨架畸曲,二人相見相識又相惜,一起外出尋道,來到杳冥山丘,崑崙山頂的雲氣瀰漫之處,聽說這兒是黃帝休息長眠的勝地,所以二人也衷心嚮往。

　　不一會兒,這裡的仙氣竟然使骨架畸曲的左手肘長出一棵柳樹,骨架畸曲發現後,心中驚慌,臉上有驚訝的表情。

　　肢離破碎關心地問道:「你不喜歡身上長出一棵柳樹吧?」

　　骨架畸曲沈吟了一下說:「誰會喜歡呢?」又說:

　　「唉!也無所謂喜不喜歡!生命只不過是一種假借的現象,假藉著有形的物質而產各形各色的軀殼,這些外物都是塵垢罷了!從長遠的宇宙變化過程來看,萬物的生與死只是短短的一晝夜而已,這不算什麼!現在我們既已悉心求道,觀察宇宙人生的奧妙變化,探討生命本質的流轉,剛巧變化就發生在自己身上,這不正是個觀察物化的機會嗎?我應該接受大自然的變化,不需起心動念去愛惜它!」

　　　　　　　　　　　　　　　　　　　　——至樂

　　莊子用支離與滑介當作對話中的主角,暗示了人世間其貌不揚、身體殘障的事實,只有小說才會強調俊男美女,魏晉時期尚清談也重視美貌,不過那是上流貴族風氣,在政治

混亂朝不保夕的危險處境下的一些時髦。

人的色身一定有生、老、病、死四大過程，萬物皆然，不過莊子竟然想的出在人身上長出一棵柳樹，這樣大膽的意象，突破人與物之間的隔閡，既然莊周都能夢蝶了，爲何不能蝶夢莊周？此段故事臆想人的骨骼結構也有基因突變的時候，可能長六指，可能連體嬰，也有雙頭蛇，那麼骨頭亂長的結果，爲何人身不能長出石頭？頭上冒角？背後駝山？尾椎拖曳？背上長毛髮？人手豬蹄？人臂豬毛？手肘生柳？

如果病變發生在你我身上，怎麼辦？

抗拒它，就會心生恐懼，尋求名醫。

接受它，就遲早與它物化，一命嗚呼！

看透生命是寄託、是假藉、是依附，生命的本質是抽象的精魂，這些莊子在此段故事中沒提到，只觸及物質層面的依附，生物界的各式生命都只是生命的暫時寄附體，宇宙大化流行是無止盡的，短暫的生命在大自然裡只是短短的一瞬間，人與物之間能相互轉化，眞是奇妙！會不會這棵柳樹越長越大？會不會這棵柳樹壽命千年？人身物化一定不好嗎？也許柳樹生根，長住在崑崙山頂，吸收日月精華，與神人共處，有何不好？

生命的大化流行如何是好？如何是不好？

人可以化物，物可不可以化人？

宇宙萬化有沒有固定法則？

人的生命是主動發生變化？還是被動接受變化？

　　變化有無常軌？

　　吁！多奇妙呀！大人與萬化，誰能透澈了解呢？

第22則　夜夢髑髏

　　莊子騎馬到楚國去，路上休息時看見砂石裡有一具頭蓋骨，顏色與土石一般，枯焦黃澀。附近一片荒涼，沒有房屋人煙，心中對這具枯骨有著一絲淡淡的愁悵。他先在附近走了走，喝一口水，再看二眼死亡的頭蓋骨，定下心神，走近一些，以馬鞭在頭骨上輕輕敲二下，「喂！你是生前太窮了，死後沒人埋葬，才被丟在路旁的嗎？或者你是遭逢亡國不幸，被士兵以斧鉞砍死的？還是你犯了罪，做出愧對父母妻子的罪行，遭到死刑處置，不准家人收屍？再不然就是挨餓受凍，餓死在道旁，身體被豺狼野獸給吃了？或者你只是年老，自然死亡的呢？」

　　心中緩緩沈思，想到人身總是會死，遲早要死，卻不知何時死？死在何處？如何死法？是好死？還是慘死？

　　唉！一片慘然在胸中！累了！也有倦意！莊子找了一個遮蔽處，帶了這具頭蓋骨，當作好朋友，撢了撢它的灰砂，把它當作枕頭吧！枕著髑髏頭就睡著了！

　　半夜，居然夢到髑髏頭的主人對莊子說話：

　　「嘻！你講起話來倒像個辯士。聽你講的那一些都是人間的累贅，什麼戰爭啦！饑荒啦！犯罪呀！父母、妻子、兒女呀！什麼凍斃餓死、老了才死、這些都很無聊！我們死了後就不受這種拖累了！你想不想知道死後的情形？」

　　莊子很好奇，說：「好呀！」

　　髑髏主人說：「死了後，無君王在上，也無臣僕在下。也沒有四時春秋短暫的恐懼。我們超越了時間限制，是以整個宇宙天地爲生命歲月，這種悠悠久久的感覺，縱使當了南面王，也比不上它的快樂！」

　　莊子「哼！」了一聲，才不信呢！他說：「要是現在請司命眞君爲你復生，還復人形，長好骨肉肌膚，讓你與家人、父母、妻子、朋友、鄰居，共聚一堂，難道你不要嗎？」

　　髑髏主人皺起眉頭，縮著下巴說：「咦！我怎麼能放棄現在的南面王之樂，再去忍受人間的勞苦無益呢？」

——至樂

　　中國人很忌諱「死」這一回事，怕見送葬的隊伍，平日也不許講碰觸死亡的任何話題或語詞，迷信的地步已到了愚蠢的程度！莊子這位怪胎偏偏還要把死人頭骨當作是寶，與它親切的聊天談話，更不嫌髒的把它當作枕頭，一般人只有低賤的送葬者與治墓者會碰到屍骨，其他人是不敢沾到的，好像有毒似的！莊子在心態上沒有這些顧忌，反而安之若素地枕著頭骨睡覺！這是超出流俗之上的豁達，也是清除迷信成見的開明智慧！

　　死後的世界只談到時間的不受限制，沒有君臣權勢的上下分際，實際上眞如此嗎？未必哦！天堂果位壽命有高低、長短之分，陰間閻羅各自有殿，各有職司，牛頭、馬面、城隍、土地，官階森然，髑髏主人所道出的死後境界只是一小部份。

第 23 則　駝子抓蟬

蟬蛻可作中藥，退目翳，催生下胞衣，治療皮膚瘡瘍癮疹，也可以治中風失音，治小兒驚癇，夜啼，殺疳去熱。蟬蛻就是蟬殼，除了蛻下的外殼能治病，蟬身肢節也能治療臟腑經絡，所以在鄉下的窮人家有人以補蟬為生，賣給藥店。

孔子去楚國，走出森林時，看見一名痀僂駝背的老人在補蟬，動作輕巧，並不礙於他的駝背畸型，動作之快，三兩下就捉一隻入袋，好像順手摘揀一般。

孔子和氣地向這位駝背老人打招呼：「你的身手真靈巧呀！有什麼訣竅沒有？」

駝背矮子說：「有噢！我是有一點兒訣竅的！先經過五六個月的練習，在細竹竿子尖梢粘二粒土丸子，不會掉下來，起先粘不牢，手會抖，但半年之後很少再出錯。接著增加一粒小土丸子，讓三粒粘成一小排，不能掉下來，大概失誤率只有十分一。這麼逐漸增加，加到五粒，以竹竿子累粘五粒而不失落掉下來的話，就已經差不多了！除了用竿子粘物之外，我的身體必須很穩定，盤根如樹樁　一動不能動；我的兩隻手臂也得沈穩不動，像樹上的枯枝，不受神經游走而亂抽動。腦子裡想什麼呢？心無二念，雖然天地再大，萬物紛擾，但我腦子裡只專心於捕蟬，其他什麼都不想。我立下決心，以捕蟬為業，不後悔、不反顧、無有身心疑慮，沒

有一樣東西能比蟬翼更吸引我，如此一來還會抓不到嗎？」

　　孔子讚嘆地對身旁的弟子說：

　　「用心專注，凝神於一，這位駝背老人已經做到了！」

──達生

　　可能我們聽過夏天蟬兒長鳴，它的嘶叫聲響亮，在火紅的鳳凰花樹上，在結實累累的龍眼樹上，它吸飲夏天樹上的朝露；黑色的軀殼雙翼薄而透明，有時候在大樹下會揀到一隻、兩隻，也有人用柏油塊粘在小竹枝上想沾住蟬，但少有人成功。居然這位矮小的駝背老人用累丸的技術去抓蟬！放棄身體的覺知，視手臂如槁木，如此超離形軀！原來不一定要在清淨道場中盤腿打坐才能離形去知，抓個小蟬也可以修道！多麼令人激賞的一幅林中奇景！

第 24 則　操舟

顏回與孔子聊天，談到一段他的遭遇：

「我曾經要過一條河，途中歷經一道山壁阻絕的深淵，水流湍急，水勢深不可測，那位擺渡者技術十分好，操舟如神，不畏險阻的渡過山險。我問這舟子：『操舟的技術是天生的？還是學來的？』他說：『學是可以學，不過與先天條件有關。如果會游泳，學起操舟就很快。如果會潛水出出入入水中，那他不必看船也能操舟。』我很好奇的再問怎麼『不看船就能操舟』？他就不搭理我了，這是怎麼回事？」

孔子說：「會游泳的人學的快，是因爲忘記水流存在，習慣了水性。潛水夫不必盯著船看就能順利操舟，在他眼中深淵與丘陵沒有差別，船翻覆了好像車子倒了，扶起來再走就是了！沒什麼大不了！浪花波濤再多高大，他也不畏懼，哪裡不好去呢？像那些賭博的人，如果以瓦片作賭注，就輕鬆自在；以身上的銅衣鉤下注，就有點兒在意；再以黃金下賭注的話就會臉紅脖子粗了！其實賭博下注只是相同的一種技巧，但內心有所顧忌就影響到輸贏，太注重外物，就失去內心平衡，操舟的技術也是一樣。」

——達生

此段假借孔子講出來的話其實是譬喻，但莊子的寓言中經常夾雜著類比思考的譬喻，寓的型體有時不夠完整。這一

段話中孔子沒有講的是：諳水性、懼怕水性，他用賭博下注來譬喻舟子操舟，賭博的人心中有得失，只能贏，不能輸，有所顧忌就亂了方寸。

　　舟子操舟不但要善水性，而且要忘水，眼睛觀看遠方景色，不必死盯著船看，生怕船兒撞山壁！在他的手中船兒輕巧，即使船翻了，也沒什麼大不了，翻轉個身就回來了！重視外在物質的就輕忽內心修養，莊子對於潛水夫如何諳水性沒有完全講完，克服先天的恐懼感相當不容易呢！

第 25 則　桓公見鬼

齊桓公到山澤中打獵，由管仲駕駛馬車，後面還有其他隨行官員的車輛。桓公見到鬼怪，心中吃驚，抓著管仲的手說：「乾爹！你有沒有看到鬼？」

管仲說：「沒有呀！我什麼也沒看到！」

其他隨行的官員也沒人看到。桓公快快地回到皇宮，疑神疑鬼的，口中喃喃自語，失魂落魄！幾天不上朝。

齊國靠近海洋，一向流傳著山中海上的神仙故事，大多人都喜歡談論另一個空間的生靈。有一位知名之士叫做皇子告敖，他精通岐黃醫理，來寢宮為王上把脈。他說：

「王啊！你這是自己受到驚嚇的！鬼怪那能侵犯你呢？目前你胸腔中的鬱積之氣呈現渙散不返的狀態，中氣不足。人的中和之氣要是滯積在上，下不去的話，就會常發脾氣。倒過來講，這股中氣要是留在下部，不能往上走，也一樣會淤積在腹部成為病痛。」

齊桓公懶洋洋的聽醫生絮絮叨叨，問他：「倒底有沒有鬼啊？」

大夫說：「有啊！種類多囉！溝渠污泥有鞋狀的履鬼，廚房灶下有火神和灶神。大家族中吵吵鬧鬧是非一多，就有雷霆神。東北方是鬼門，常有蜥蜴、蝦蟆狀的怪物跳來跳去。西北方有豹頭馬尾怪。只要是水邊都有水鬼，長的個子矮

小、紅爪子、大尖耳、手臂細長、全身赤黑。丘陵的鬼怪長的像狗，有長角，身上的花紋是五色的。深山裡有夔神，一足、牛形、肚大如鼓。平原荒野有彷徨鬼，是兩頭蛇，身上五彩斑爛花紋。水澤畔有委蛇鬼，它的身高像一隻大猿猴，體型粗的像車輪，穿紫色外袍，頭上戴紅冠。他最討厭馬車轟隆隆的噪音，他會故意把頭摘下來，捧在手上來嚇人！可是也有好處！這種委蛇鬼有很大的福份，誰見了它誰就會發，當官的見到它一定升官，當王的見到它一定成就偉大的事業！所以一般福份不夠的人還見不到呢！」

　　齊桓公一聽，眉開眼笑、心花怒放，拍著手說：「對！對！對！這就是寡人所見到的！啊！你再多講一點兒！」

　　於是齊桓公從床上爬起來，穿戴整齊，請大夫上坐！還沒吃藥呢！病已經好了！

──達生

　　這真是「鬼話！」不過心病還須心藥醫，怎麼跌倒的怎麼起！這位齊大夫比現代心理醫生還要行，深懂霸主心意，說中他的心事，馬屁拍的恰恰好！諂媚之道無過於此了！

第 26 則　蹈水

　　孔子在宋國彭城的呂梁地方欣賞懸崖飛瀑，它的高度有三十仞，衝激噴飛的水花泡沫流經四十里，水浪湍急，黿鼉魚鱉都游不得，忽然看見激流中有一個人，載沈載浮的，哎呀！好危險！一定是想自殺！這種湍急之水不可能有人戲水！鐵定是什麼人心中悲苦才會自溺，趕快叫弟子們設法救助。

　　數名弟子們一齊出動要救人時，那個快淹死的人卻從水中冒出，踩在水面上，輕快地踏浪而去，約數百步之遙，長髮披散，還口裡哼哼唱唱地，自得其樂的游到塘岸下方。

　　孔子心中驚疑，好奇的尾隨他去，向他發問：「我還以為你是水鬼呢！現在看清楚了，你是人。請問：你方才在水面上行走蹈水，有什麼方法嗎？一般人不可能在水面上走的！」

　　這位水中丈夫憨直的說：「沒有哇！沒有什麼方法！我一向就是始乎故、長乎性、成乎命。跳入水中，與漩渦捲入，與浪花同出，順從水性，不抗拒它，所以我會蹈水。」

　　孔子不懂他的話，又問：「你剛才說：『始乎故、長乎性、成乎命。』是什麼意思？」

　　水中丈夫笑了笑，說：「這呀！小時候我出在山陵地，就安住在山裡，這是故。少年之時在河流邊成長，就接受水

邊的生活，這是本性。長大之後到現在，經常在水上玩樂，不知其所以然而然，這是我的命！我只是素乎自然而已！」

——達生

　　莊子一書中出現「性」與「命」的文字多次，大體而言，莊子對於「性」的解釋並不複雜，指的是本質，素樸的不變成份。「命」大多指生活當中的過程，不自由主的行徑。修道當然與性命相關，我們打算把這個問題放在人生哲學的部份，需要收錄各章文字，再仔細加以研究，此處姑且暫寄一筆。

第 27 則　馴馬

　　東野稷以善於駕御馬匹聞名，魯莊公特別召見他，請他表演拿手絕活兒。正當馬兒走出展示場時，眾多馬兒進退有序，左向轉彎，右向轉彎，都圓順俐落，十分聽話！魯莊公看了很欣賞讚美，以為他的名氣果不虛傳，確實有本領！讓他表演百迴旋吧！

　　正好魯國賢人顏闔到馬場，觀看了一會兒，上前對莊公說：「東野稷的馬匹快要累壞了！」

　　莊公沒啃聲，不相信，就不搭理他。

　　沒多久，果然馬匹都不聽命令指揮，各自四散跑了，馴馬師也莫可奈何，只有草草收場。

　　魯莊公好奇的問顏闔：「你又不是馴馬師，你怎麼知道馬兒會落敗？」

　　顏闔說：「筋疲力盡了當然會落敗，硬要死撐，馬兒就控制不住了！」

—達生

　　御馬如治人，總要寬鬆適當，法令不可過嚴，稅賦不可過苛，否則災民不受控制，會起暴動。

第 28 則　材與不材

　　莊子和弟子在山中行，路見一棵大樹，枝葉繁茂，旁邊有伐木工人在工作，卻不肯選用這棵樹，反而去砍其他比較矮小的，莊子問原因，伐木工人說：「材又不好，無可用！」莊子想了一想，對徒弟說：「這倒也好命！這棵樹因為沒有用，不成材，而得以終其天年！它的不材正是一種材！」

　　走出山林，找到朋友家，這一晚就在老朋友家過夜。老友見面特別歡喜，叫兒子趕快去宰一隻鵝，烹煮了好招待稀客！他的兒子來請示：「二隻鵝，一隻會嘎嘎叫，一隻啞吧鵝不會叫，要殺哪一隻？」主人說：「殺那隻啞巴鵝！」

　　隔天，離開了朋友家，一路上弟子問莊子：「昨天碰到二件事：山中的大樹因為不材而得以享天年；你朋友家中的鵝因為不會嚎叫示警而挨宰，二個都是不材，為何一者得善終，另一者不得善終？先生您要選哪一種？」

　　莊子覺得這位徒弟很聰明，問題問的有趣，笑著回答：「我呀！我會選擇材與不材之間，既非材，又非不材。此話怎說呢？材與不材之間，似是而非，二者都不能脫累。那只好跳脫出來，二者都不要，浮遊於自然天道才能自由。無譽、無毀，有時尊貴如天龍，有時卑微如地蛇，與時俱化，不肯專私固執；上下進退之間，以中道柔和為法則，游心於萬物變化元始；主宰受用萬物，而不受外物所奴役，這樣就不會

拖累了！這是神農氏與黃帝時代的自然法則。不過人世間順俗感情，人倫傳統卻不是這般，什麼合則離，成則毀；利受銼，尊被議，有為者必有虧損，賢者被人謀害，不肖者也被欺壓，何必如此呢？這種拖累難道非如此不可嗎？可悲呀！弟子們，你們不要留戀世俗，應當盡快回到自然天鄉當中！」

——山木

　　材與不材，二者皆不要！

　　有用的木材先遭砍伐。無用的木材反而長命。

　　會叫會逐生人的鵝受主人照顧，不會叫的鵝反而先被宰。

　　我們人類當然希望成材，成材才有出息嘛！但成材未必長壽，當官的未必好命，要如何自處呢？

　　榮華富貴是人人竊心嚮往的，不是每個人都有這種際遇，可遇而不可求。求而不可得，得了又失去，莊子教示人物物而不物於物，這是對待富貴榮華的好方法，若要跳脫材與不材之間，這就很高深了！

第 29 則　化緣之道

　　衛國大夫北宮奢爲主上衛靈公募斂宮廷用的樂器——大型的編鐘，他在城郭門外設了勸募的壇場，三個月下來，竟然已經化募到了錢，而且請工匠鑄好了上下二排大大小小的鐘架和掛鉤。

　　衛國王子慶忌來到壇場，看到鑄好的鐘架，很驚訝的說：「這很不容易呀！宮中沒有閒錢鑄造樂器，你向民間勸募，怎麼三個月就完成了？你是怎麼做的？」

　　北宮奢說：「我只是誠心誠意，沒有用什麼鼓吹的旁門左道。我曾經聽人說：『既彫既琢，復歸於樸。』我的心與無知無識的鄉民一樣，不去懷疑人，也不會偷閒打懶。每天我在這壇內壇外恭敬的向路人迎來送往，不斷向人打招呼，他們有的走過來看，我不阻止，也有人不理不睬走掉的，也隨他去。有的路人態度強硬，有的冷漠，我都任憑他們自己做決定，不敢輕忽怠慢，所以朝夕化募並未搜刮百姓，他們不曾感覺有何損失，更何況有不少人很大方，自動樂意捐獻給國家呢！所以三個月就完成了！」

——山木

　　二十世紀後半期，中國大陸古文物不斷出土，已經挖掘出古代的編鐘，各地博物館巡迴展覽陳列出來，厚實的金屬板塊垂懸著，大小長短不一，敲打的聲音高低不同，大陸音

樂工作者也依照古譜試圖讓古代樂音重現，這種文化工作是
值得傳承下去的！

第 30 則　螳螂捕蟬

　　莊周在一座外壁有浮雕的墳陵旁觀賞，這座貴族的雕刻陵園很廣大，裡面有樹林子，外圍屏障以樊籬，真是氣派的很！忽然間有一隻很大的鳥鵲從南向北飛，眼睛很大，有一寸左右，翅膀伸展開也很寬，有七尺多，嘿！怎麼翅膀拍擊到莊子的頭頂呢？它眼睛長這麼大，難道看不到人嗎？七尺寬的雙翼，難道飛不高遠嗎？這是怎麼回事？鵲鳥飛到陵園裡的栗子樹上去了。

　　莊周好奇的提起長衣杉的下擺，怕被草叢絆住，輕快地追蹤進去。他找了兩顆大小適中的石子當彈丸，打算扔擲這隻鳥鵲。

　　走到栗樹下方，抬頭看見一隻蟬，正在蔭涼的樹枝上棲息，口中吟唱著清亮的長音，悠悠樂樂。上方突然蹦出一隻螳螂，撲向吟唱的黑蟬，兩隻前臂抓住蟬的雙翼不放，二者互相博鬥。接著，剛才那隻大鵲一口啄住了螳螂和蟬，把它們二隻都當作美食。

　　莊子看到這一連串的撲殺畫面，心中有所警惕道：「噫！萬物其實都很相似，螳螂捕蟬，異鵲在後；異鵲吃螳螂，莊周在後，以彈丸待之；那麼，莊周之後又是什麼？」

　　想到這裡，不禁嘆息！扔下手中的彈丸，不想擲擊鳥鵲了，正往外走時，守園陵的園丁跑來大罵：「喂！誰讓你進

來的？你想幹什麼？出去！」一面罵，一面趕，很不客氣。

　　莊周回家之後三天都悶悶不樂，學生藺且很關心的問老師：「夫子！您為何神情不悅呢？」

　　莊子緩緩回答：「這二天我在反省：我是不是只顧守著外在形軀而疏忽了內在真身？好像一天到晚觀看渾濁的水潭反而不識得清淵。世間一般人都知道入境隨俗，入俗從令。我只顧著在雕陵遊玩，被一隻奇異的大鵲碰到頭頂而去追逐它，我寄情於真性真情中，忘記吾身有軀尚在人世間，結果被看守栗子園的工人罵了一頓，這被人家罵一頓的倒霉事，是否為忘卻真性，沒有做好更基本的處世之道呢？」

——山木

　　這段故事就是「螳螂捕蟬，黃鵲在後」的來源典故了。不過書中是作「異鵲」，後人傳為「黃鵲」，再更為「黃雀」，不知何者為是？

　　莊子為什麼悶悶不樂？為了被人罵？為了驚覺「二類相召」？他在鳥鵲之後，園丁在他之後，一物捕捉另一物，又被再背後一物捕捉，循環而往，就形成了食物鏈。

　　這種食物鏈豈不也是天道循環？自然現象！

　　莊子當然不會因為挨了一個守園人的罵而耿耿於懷，他在意的是：他也成為「二類相召」的循環一部份，當他警覺到異鵲之後有他，他之後也必定有人之時，巧的是守園人發現了他的行蹤，那麼有形跡者必有背後看不見的危機，凡有所守，必有所待，莊子看守鳥之形，卻忘記了自己也有身軀會被別人看，他反問自己：是否也像鳥鵲一樣見利而忘了真

性呢？

第 31 則　美與醜

　　楊子到宋國住一間旅店，這家旅店的中年老闆有妻妾二位，一個漂亮，一個醜。不過奇怪的是：老闆喜愛那個醜太太，不喜歡漂亮的那位。

　　私底下楊子好奇地和老闆閒聊，問他似乎對二位妻妾態度不一樣，老闆也承認他是偏愛那個醜的：「因為那個醜的個性溫柔謙讓，對我尊敬。那個好看的脾氣不好，成天以為自己漂亮，跩得二五八萬似的，誰都不放在眼裡！我才懶的理她！」

　　楊子告誡學生說：「各位！你們要謹記：行善賢之事，心中不要洋洋自得，務必謙虛，不必炫耀，這樣你到哪兒去都會受歡迎！」

——山木

　　驕傲的緣由有幾種，美貌只是其中之一，另外還有年青力壯，家世富貴，年長的依老賣老，年紀小的恃寵而驕，有才幹的恃才自傲，聰明的賣弄機智…。女人容易衰老，貌美卻脾氣壞，有可能是阿修羅來投胎喲！

第 32 則　畫家

　　宋元君的宮庭裡需要一些壁畫，但想不出找哪一位才好。他發出公告通知，來了一大票畫工和畫匠，他們進入偏廳之後向宋元君問安作揖，在一旁等候差遣。有的人自備筆墨，打算當場揮毫表演。看看廳堂之外，還有一大半的人在等待進來呢。

　　有一個人來的比較晚，慢吞吞的，不急著入廳，探頭看了看，向君王作了揖後就走了，沒有留下來揮毫競試。

　　宋元君對這個人比較好奇，派人去跟蹤他，尾隨他回家。此人一回到家就解開厚重的衣服，上身打著赤膊，做自己的事。

　　跟蹤的人回來一五一十的向宋元君描述，宋元君點點頭說：「行了！這個人才是我要找的畫家！」

——田子方

　　畫家有品，宋元君不以才藝取人，而以內在情操來鑑定一位藝術家的風骨心境，此可謂：「別有用心」，別具慧眼！

第 33 則　射箭

　　列禦寇為天道長老伯昏無人示範射箭的技巧。他以弓扣弦，拉滿箭身，放一杯水在左手肘上，一發箭，矢飛射出去，接著發第二箭，緊接著第三箭也飛矢出去，連發三矢，一一皆中心，在他凝神專注的時刻，人好像出魂了似的，鎮靜的一動也不動，那杯左手肘上的水沒有潑灑出來。他像一尊石雕像似的。

　　修道老人伯昏並不誇獎他，反而說：

　　「你這種技術只是尋常的射箭技巧，還不到超越的不射之射。你有膽子來嗎？我們找一個地方，到高山上去，踩在地基不穩的危石邊，對著百丈深淵，我看你怎麼射？」

　　列禦寇接受了挑戰，跟隨伯昏無人爬上高山，面臨萬丈深淵，踩在危石上，進進退退的，腳在懸崖邊，二分露在外空，重心似不穩，伯昏道長作了一個揖，請列禦寇現在來表演臨空射箭，連中三元的絕技。

　　列禦寇嚇的兩腳發軟，坐在石塊上，全身冒冷汗，腳底的襪子都汗濕了。他沒勇氣站起來，別說試射了！

　　此時伯昏無人說：「怎麼樣？害怕了嗎？真正的高人是上窺青天，下探黃泉，能力充斥於上下四方虛空之中，神氣懍然，終不改變。你看你！才爬這麼一點高山，就嚇成這副德性！你的定力到哪裡去

了？」

——田子方

伯昏無人是鄭子產和斷腳殘障的申徒嘉的老師，這一段既然是列禦寇的故事，理應編放在雜篇第十的「列禦寇」一章中較適當，現在被編在外篇「田子方」中並不合理。

射箭要射的準，與眼力、臂力、心神集中有關，既然列禦寇愛表現，修道高人就要故意挫一挫他的銳氣，激他到一塊高聳的懸崖邊去射箭，山上風大，箭也未必射的準，不過還沒發矢，就已經先嚇的發抖，這表示內心定力不夠，學射箭只學到外表皮毛，還沒有學到「不射之射」呢！

第 34 則　道無所不在

　　東郭先生與莊子聊天，問莊子：「所謂道，在哪裡呢？」
莊子說：「無所不在。」
東郭子不肯，要求：「你要證明一下看！」
莊子說：「在螻蟻。」
東郭子不以為然：「怎麼如此低下？」
莊子又說：「在稊稗。」
東郭子皺皺眉頭：「愈講愈糟糕！」
莊子繼續搗蛋：「在瓦甓。」
東郭子哈哈笑說：「你真是開玩笑！」
莊子又加一句：「在屎尿裡！」
二人笑成一團！

　　莊子解釋道：「你的問題沒有抓住重點。就像菜市場裡
的監察請教屠夫如何鑑定豬隻肥瘦，只要愈往下探就越好的
道理一樣。你要問道，什麼都不能設定，一切萬物都有道。
禪道如此，語言的作用也一樣，我們說「普遍」、「周全」、「有
成」，這三個詞是同一種意思，異名而同實，就像道一樣，
是同一個東西。」

──知北遊

　　螻蟻是螻蛄和螞蟻。
　　螻蛄是稻田、麥田裡的害蟲，長的像蠶一樣，軟軟長長

的，約三、四公分長，六隻腳，第一對足強勁有力，能掘地，
晝伏夜出，寄生在稻稈上，吸食汁液，在嫩苗處產卵，也在
稻稈上穿孔，為害五穀。

　　稊稗像稻穀，但不是稻米，有點像黍粒，應該是雜糧的
一種，結小米粒，可以煮成粥。

　　至上的道在那裡呢？無所不在！一草、一木、一切生靈
都含有道的成份，日常生活中無處不是道，所以不必尋訪特
定的道場，只要安定心神，當下即是道！

第 35 則　遺言

荷甘與神農氏都是修道人老龍吉的學生。

一日，神農氏在大白天裡閉門掩戶，倚靠在長椅子上睡午覺，他的同學珂荷甘慌張的跑來，不待應門就迫不急待的自己推門進去，叫醒神農氏說：「老師死了呀！」

神農氏遲緩的爬下躺椅，拿起柺杖，起身走動，在廳中走了幾步，有所感嘆！他「噢！」地頓杖一聲，笑著說：

「也好！老天爺都知道我一向孤僻簡陋，愚笨荒唐，不堪承道！所以老師不再教我們了，他先走了！唉！也好！來不及聽老師最後的教誨，他什麼都沒教就死了！」

另一位同學弇堈弔聽到老師龍吉過世的消息，也說：

「一位悟道的人，是受到天下所有的君子人追心繫念的，大家永遠懷念他。老龍吉對於宇宙大道只悟得秋豪一端，萬分之一，尚且藏其狂言，不發一語而死，那何況已經悟道的大聖人呢！天道！視之無形！聽之無聲！若有人談論，只不過在邊緣摸索，始終渺渺冥冥，所以論道其實非道呀！」

——知北遊

故事中的老道人其實是「無所遺言！」

儒家提出「君子有三不朽：立德、立功、立言。」之後，被奉為至理名言，無論是不是書香世家，總要留下一些語言

文字,有的自己寫,有的請人寫,即使不是讀書人,尋常大戶人家總有錢財、米糧、子孫、田產要交待的吧!反正死前總要問你:「還有什麼心願未了?」老龍吉死時沈默,沒有掉書袋,不言之教才是至道!

第36則　捶鉤老人

大司馬掌管全國軍事，包括軍旅中的武器設施。

在大司馬所轄之下有一位專門捶打掛鉤的工人，已經八十歲了，工作的非常傑出，他所製的金屬鉤無不閃閃發光，堅固好用。

大司馬仔細觀察老工匠的手法，感興趣的問他：「你是有一雙巧手呢？還是有什麼特別訣竅？」

老工匠回答主上：「我是有一些原則。我年輕時二十歲就已經喜歡製造鉤子了，經常收集各式各樣的大小鉤子，研究如何錘打鍛鍊，我心心念念的只有鉤子，其他的都不理。後來我所採用的原料是去找別人不要用的，這樣我總是經常有用不完的材料。到後來什麼都可以拿來做鉤子了，沒有一樣東西沒有用，所以源源不絕的，我做的更多，更精良了！」

——知北遊

這段故事的重點在「用之者，假不用者也，以長得其用！」以廢物、金屬來溶化了錘製成鉤子，沒有什麼不能用，莊子寓意在：道無所揀擇，無物不是道！可用的固然能用，不能用的一樣有用。目之所及無一物不能用，樣樣都是鉤子，物物皆是道！修道與錘鉤，道理相通！

第 37 則　相犬相馬

　　徐無鬼是一位有道之士，經由大臣女商的引介，見到魏武侯，武侯殷勤的接待他說：「啊！先生您辛苦了！一路上經過山林，旅途勞頓，竟然不嫌遠阻的來見寡人！」

　　徐無鬼說：「呵呵！我是來探望慰勞您的！一點兒也不辛苦！如果喜歡物質慾望，增加感情喜怒哀樂，在七情六慾之間打轉的話，那性命之情才會辛苦！如果你清心寡欲，摒除一切物質享樂，心中一無情緒波動，那麼耳目官能也會太刻苦而受活罪！我是來慰勞你的，你那會令我辛勞呢？」這麼一說，武候不知該答什麼，就沒講話。

　　過一會兒，徐無鬼飲用了茶水之後說：「來！我告訴你，我會相狗喲！普通的狗只要有得吃食就滿足了，這是看家的狗。中等的狗目光露神，上等的狗反而收斂神光，不亂吠亂叫。我相狗的技術還比不上相馬術，我很善長相馬。你看：一匹好馬要身裁橫側中繩，四肢筆直；飛奔時捲曲如鉤；它的頭部方正中矩，它的臀部渾圓中規，這是國馬的條件，不過國馬之上還有天下之馬，那更超出一等，這種特殊成材的天下神駒平時吐氣若盧若實，不狂暴，不失足，一旦跑起來，速度驚人，絕逸超塵，猶如天馬行空，根本不知其所！」武候聽的興高彩烈，拍手大笑！

　　徐無鬼告別之後，大臣女商送他出門，一路上二人談

話，女商好奇地問：「先生你剛才跟主上聊些什麼？平常我跟主上談的不是詩書禮樂，就是軍事兵書，我也做了不少有功勞的事，可是他從來沒有露齒大笑過，你是跟他說些什麼？才短短一下子，勝過我數多年來的努力？」

徐無鬼說：「我只不過跟他講相狗相馬之術。」

大臣女商說：「啊？什麼呀？」

徐無鬼解釋道：「你有沒有聽說過：那些犯了罪被流放到南方越地的犯人，離開國家才數日，見到自己所知的東西會很懷念；離開國家個把月後，看到以前曾經見過的東西也會懷念；等到一年之後，在南越地方，只要見到人就很喜歡！這就是去的越久，想念的越深。像那些逃到空谷山地中的人，一天到晚見到的都是荒煙漫草，雜草叢生在麌鼪所行經的小道上，這種空寂的狀態下，如果聽見人類的腳步聲一定會很歡喜！若再聽到家族兄弟親戚的講話咳嗽聲，那更是喜不自勝了！你們的武候長久以來被宮中禮儀所束縛，他遠離了大自然的環境，所以很想念大自然的純真快樂！」

——徐無鬼

跟一位君王談論相狗相馬，似乎有點兒荒誕不經，但貴族的宮庭生活確實也太刻板嚴肅，君王的時間一切在安排中，有為的君主比頹廢的亡國之君來的辛苦，在一本正經的儒家眼中看來，相狗相馬也一樣是玩物喪志！不過在莊學當中多次提到算命看相，這是「子不語」之一，莊子並不避忌算命看相，這是儒家與道家不同之處。事實上有不少人覺得算命看相非但有趣，而且實用，何必排斥呢？這是道家的特

點之一。

第 38 則　害群之馬

黃帝有事想請教大隗先生，聽說他住在河南具茨山脈中的某個地方，黃帝出行時有大臣六人隨行，方明爲他駕御馬車，昌寓陪黃帝坐在車右邊。張若、詣朋控制前面的馬匹，昏闇、滑稽管理後面的車輛，隊伍進行到河南襄城附近時，七個人都迷路了，沒有人識別方向。放眼望去，荒郊野外，四面茫然，沒有過路人可打探。

正好此時有一位童子在放牧馬群，在荒野中讓馬兒低頭吃草，這七個人趕快向前去問路：「你知不知道具茨之山？」對方答：「知道呀！」

「你有沒有聽說附近有個人名叫大隗？」

「有呀！有這個人！」

黃帝放下心來，高興的說：「哎呀！小朋友！你不但知道具茨山，又知道大隗先生這個人，請問你知道如何治理天下嗎？」

小童子不在乎地回答：「治理天下哦，也不過就是這麼回事！何必多事呢？我小時候漫遊於東西南北六合之內，那時眼力不好，視力不佳，有一位長者教我：『在陽光之下四處遊於襄城之野。』現在我的病好了，也懂得漫遊於上下四方六合之外，治理天下也不過就是如此罷了，我何必管它呢？」

　　黃帝仍不死心，繼續懇求：「唉！治理天下的事的確不是我們幾個人能做的好的！不過事到臨頭，不得不幹，請你多指示一些吧！」

　　小童子拗不過他，只好語帶玄機的說：

　　「治理天下就像我放牧這一群馬，要留心去除掉那匹害群之馬就行了！」

　　黃帝聽了目瞪口呆，口中稱謝，讚譽童子是「天師！」，稽首，再拜而退。

　　　　　　　　　　　　　　　　　　——徐無鬼

　　小孩子眼睛視力不佳是先天性的心火不足，有的斜視，有的弱視，其他有近視與散光，心火不足，治之以「乘日之車」，就是增加戶外活動，少用眼力在書本上，現在的兒童太早上幼稚園，太小學電腦，視力普遍不佳。

　　小童子起先遊於六合之內，後來懂得遊於六合外外，心境、眼界、精神領域都完全拓展，此時豈會斤斤受困於天下俗事呢？

　　什麼是害群之馬？破壞治術的人？還是不良的法律？反正治道如治病，去除病症自然得以痊癒。此篇寓言也是含有譬喻，屬於譬喻式寓言。

第39則 石匠削泥

　　莊子和惠施是好朋友，不過惠施年紀較長，先莊子而亡。出殯時，莊子也在送葬的行列中，眼見惠施的墳墓石碑，心中不由有所感，回過頭跟自己身邊的人說：

　　「以前楚國郢都有一個人，喜歡用白堊泥塗在自己的鼻子尖端，薄薄小小一片，像蒼蠅那麼點大，找他的石匠朋友來削掉，石匠拿起他的大斧頭，揮舞有聲，三兩下把細如蠅翼的小白堊泥削成粉末掉下來，鼻子絲毫沒受傷。那位楚國郢人也老神在在的面不改色，對石匠朋友信心十足。後來宋元君找來這位石匠，要石匠也為宋元君表演一下，他想看看。石匠委婉的拒絕說：「以前可以，現在不行了。不是每個人都能當實驗品，只有我那位朋友能跟我配合，現在他死了，我他不敢再隨意試，那會鬧出人命的！」莊子頓了一下，說：「自從惠施過世後，我也找不到聊天的對象，我辯論的對手似乎也沒了！」

——徐無鬼

　　誰說莊子無情？他與惠施之間精彩的對話留傳千古，二人之間既互相調侃又彼此有默契，這種交情非尋常一般人可比！原來惠施在他心目中有如此重的份量！是一個逞口舌辯才的對手，也是一個精神思想交流的好知交！

　　死亡，似乎總結一生的功過。

死亡，也會讓人眞情告白。以前藏在心中的話終於露出來了…。

第40則　賢人

管仲晚年臥病在床，齊桓公來探望他，憂心地說：

「乾爹！你的病其實已經很嚴重了！也不能再避諱著不告訴你。萬一你去了，寡人的國政要找誰來承擔呢？」

管仲躺在床上，問桓公：「你心中屬意誰呢？」

桓公答：「我想找鮑叔牙。」

管仲急急忙忙的說：「不行！不行！鮑叔牙是我的恩人，也是我這一生的好朋友，所以我太瞭解他了！他的個性十分廉潔正直，他一向交朋友只交好的，容不下比較平庸的，他一旦知道誰犯了錯，就不會原諒他，不會改變主觀印象。你要是找他治理國家，他不但管你管的死死的，手底下的人日子也不好過，他太嚴肅認真了！過不了多久一定會得罪人！」

齊桓公沒想到這一點，又茫茫然的問：「那我要用誰呢？」

管仲沈思一下，說：「如果沒有更合適的話，就用隰朋好了，他做人寬厚，不計較，胸懷大度，又不自驕邀功，所以不得罪上司，也罩得住手下。他很自謙，總覺得比不上黃帝古聖人，對待其他平庸的人很有悲憫心和包容力。能以德與人分享的是聖人，以財富分給人的是賢人。可是賢人也有受歡迎和不受歡迎的二種。那種氣焰高張不懂得謙虛的賢人

是得不到人心的；能自己降低姿態，稟性謙和的賢人才能贏得敬愛。隰朋這個人在公事上懂得寬鬆有度，分權授職，不會樣樣干涉，在私事上他會裝聾作啞，假裝不知情，很有分寸！你考慮看看！這個人可用！」

——徐無鬼

　　一個清廉正直的人太嚴肅，太認真了，可能不可愛喲！

　　精明而又裝糊塗，能幹而肯授權，這是社會歷練的成熟智慧！

　　聖與賢的區分是：以德分人和以財分人。佛教講布施有三種：財施、法施、無畏施，說法不同。這則寓言故事是歷史敘述，也富有人生哲理。齊桓公有沒有接受管仲的忠告呢？管仲去世後二年，桓公亦死，五位王子爭王權，發生內亂。屍體腐臭，還不得安葬！

第41則　逞強的猴子

　　吳王帶了一些人馬乘船渡江，上岸攀爬一座有猴子的山。這些野生猴子見到生人都驚慌四散，逃到深林中去。唯獨一隻特別大膽的公猴子，它停留在附近的樹上，在樹枝上跳來躍去，故意惹人注意。

　　吳王拿起弓箭向它射一箭，嘿！沒料到它竟然不閃躲，還敏捷地把箭矢給抓住了！接著齜牙裂嘴的向吳王示威，表示輕蔑。吳王惱火了！竟然有畜牲向人王挑戰，吳王悄聲叫隨行士兵三數人，站在各個方位，同時向這隻潑猴發出攻擊，一聲令下，猴子無處可躲，當然身中數箭，尖聲慘叫而亡。

　　吳王向他的朋友顏不疑說：

　　「這隻不要命的猴子就是仗恃著自己聰明，會抓住飛箭，才不肯逃跑。結果有這種下場！我們人類不也一樣！自恃才幹以驕人！」

　　顏不疑觀看這一場人猴慘劇，心中也有所感！回去後拜師修道，摒棄外物，拒絕榮華富貴，三年之後受到國人稱讚。

　　　　　　　　　　　　　　　　　　　　——徐無鬼

　　吳王是春秋時代的人，先後有吳王壽夢、吳王僚、重用孫子兵法的吳王闔閭，和愛上西施的吳王夫差，大約在西元前五、六世紀之間，此段故事沒有說明是那一位吳王，筆者

猜想：有可能是重用孫武子的那一位吳王闔閭。

第 42 則　如此好命

子綦生有八個孩子，請算命先生九方歅為全家人看相，他叫八個孩子通通出來，在算命先生前面排成一列，讓他逐一細看。

子綦問九方歅：「你幫我看看，這些孩子當中誰最好命？」九方歅指著其中一個說：「梱最好命！」

九綦驚喜的問：「怎麼個好命法？」

九方歅答：「梱將來會與一國之君同桌共食，富貴終身。」

子綦懷疑的說：「我的兒子怎麼可能有這種富貴命？一定不吉祥！」他敏感地如大難臨頭般黯然流淚。

九方歅安慰主人：「噯！能夠與國君同桌共食，這是多麼大的光榮，恩澤被及於父母親和己身三族呢！你自己也跟著沾光啊！你現在知道了，不喜反泣，是抗拒福份囉！孩子吉利，父親反而不吉利！」

子綦緩緩解釋說：「歅！你那裡知道，梱的吉祥未必真的吉祥！吃好的、用好的、穿好的、這是什麼來路呢？我們家從來不曾從事畜牧業，但就有羊隻自然在西南角落繁殖。我也不曾打獵圍捕野獸，但就有鶉鳥在東北簷角築巢，你若不覺得奇怪，才真是怪事！一向我跟孩子們的生活清淡平靜，只遊心於自然天地，不用心於世俗煩擾。我們的三餐邀食於大地，辛勤耕耘，閒暇時自得其樂，邀樂於天際。我們

不務多事，不用心機，不作奸犯科，我們乘天地正氣，不與物質慾望打交道。我們順行自然變化，不被俗事拖累，平素一向清淨無爲，怎麼會有世間的富貴臨身？這不是很奇怪嗎？凡事先有怪癥兆，接下來一定有怪事發生，慘了！這不是我和孩子們的錯，而是老天爺的意思！所以我才哭泣哪！」

沒多久父親叫兒子梱去燕國辦事，半路上遇到盜匪，被抓去拍賣爲奴，盜匪怕他逃走，砍斷他雙腳，讓他逃不掉，運到齊國去賣，正好碰到渠公上街，把他買回去。這就是他終身食肉的好命！

　　　　　　　　　　　　　　　　　　　　——徐無鬼

追求榮華富貴是要付出代價的！有時候不求自得，這時就要小心了！富貴不保長久，難保終身。

比較奇怪的是：子綦既然與孩子們共遊於天地之間，幹嘛要找人爲孩子看相算命呢？吉凶禍福不都是天命的一種，又何必哭泣呢！

第43則 唱高調

西元前三五五年，年輕的魏惠王與年老的齊威王在郊外共同狩獵，雙方之間聊了一些，心高氣傲的魏惠王炫耀他的財富：大明珠至少有十枚。齊威王卻很冷淡的說：他不稀罕這些珠寶，他重視的是賢良人才，以能幹忠心的臣子為至寶。

孫臏與龐涓的故事正與這二位王有關，魏惠王的祖父文侯魏斯重用吳起，但武侯魏擊卻懷疑他，吳起只好逃到楚地。武侯與兒子惠王二人都重用龐涓，因忌才龐涓陷害同學孫臏，致使刖去雙腿，但受到重用且知恩圖報的孫臏剛好就在田齊，為齊威王、齊宣王效力賣命。魏國攻打趙國邯鄲，齊國圍魏救趙的事跡就發生在西元前三五二年，約在魏惠王與齊威王田獵於郊之後。

魏罃與田侯共同盟約，但齊國國勢強大，不把小小的魏國放在眼裡，上次在狩獵之時口頭作的協議，齊威王也不當是一回事，這在年青氣盛的魏惠王看來，十分難堪，簡直面子掃地！他打算找劍客去暗殺齊威王。

犀首將軍公孫衍表示不妥：「王上！您是一國之君，怎麼能做出這種宵小下三濫的事？我們應該光明正大的出兵攻打他。請派二十萬兵給我，我一定俘虜齊國百姓，逮捕他們的牛馬牲口，使齊威王氣的內熱發病，背上長疽，然後就拔了他的國家！他的武將田忌下場也一樣，四處逃亡，我們

趁勢攻其背、折其脊，把齊國整個給毀了！」

　　一旁的季子反對：「十仞城牆當初搭建的十分辛苦，現在又要毀掉它，這讓老百姓白白做工，很糟塌人哪！我們魏國有七年不起兵了，好不容易休生養息，國庫裡有一些存糧，得之不易，這是王上您的根基呀！那個莽撞的武夫主張攻打，是個禍胎，他的話不能聽！」

　　站在另一旁還有一位道人華子，對這二個人指指點點：「吓！主張伐齊的固然是禍胎，主張息兵的也是禍源；嘻嘻！像我這種批評別人伐與不伐皆亂的人，也是禍胎！」

　　年青的魏惠王沒主見的問：「那到底該怎麼樣？」

　　華子指天道地的說：「您還是修道吧！」

——則　陽

　　這故事的結局是什麼呢？小國始終不敢出兵攻打大國，所以魏國去欺負更小的趙國，也伐韓國五次，五次皆勝。

第44則　生前死後皆好命

　　孔子去過衛國五次，對於衛靈公的生平知道不少，大約在西元前四八四年自衛國返回魯國，猜想以下這一段故事可能發生在此之前一些時候。

　　孔丘向周朝宮中的太史官大弢、伯常騫、狶韋三人請教：「春秋小國的衛靈公平常飲酒尋歡作樂，從來不聽國政，他寧願在外頭打獵、網魚、射鳥，也不肯參加國際間的諸侯同盟大會，他怎麼保得住他的王位呀？」

　　大弢回答：「他有他的本事囉！」

　　伯常騫說：「衛靈公有妻子三位，他們洗澡的時候是在大池子裡四人一起玩水。臣子史魚奉召晉見時，靈公可是對他客氣的很，又是搏幣，又是扶翼的，十分敬重。他自有他一套待人處世的方法！」

　　狶韋說：「靈公死的時候，要卜卦下葬，卜卦的結果說葬在原先準備好的墳陵不吉祥，要另外擇取沙丘才吉利。後來改在河北盟津，下葬的時候，挖的蠻深，約有數十尺，居然挖到一副石材棺槨，把它清洗後，發現上面刻有文字說：『不必靠兒子，靈公自己搶奪過來用。』如此看來，靈公眞是神靈呀！死後自己還會找到好地穴！你們二個人懂什麼！」

　　老天爺竟然爲靈公預先準備了石棺，眞是神話！

　　衛國姓姬，是周武王的弟弟康叔所受封之地，位於河南淇縣，後來併吞山東聊城的邢國，國都朝歌。衛文公時遷都楚丘，即今天的滑縣。成公時又遷都於河北濮陽。

　　齊桓公「九會諸侯」時，每一次小衛國都一定參加，事實上他依靠著齊國的幫助，在戰國時期朝於魏，西元前三四六年，自貶身價為「侯」，不再是「國」了，未多久臣服於魏，也就此消失亡國了。

第45則　借錢

莊周家裡很窮，所以向當地的富戶監河官去借米糧，有錢的大官不明白拒絕，找個藉口推托：「好吧！改明兒我將會收到漁戶的稅金，等我收到後就借你三百金，怎麼樣？」

莊周家中已經沒有米糧了，那能再等到他收完稅金才借他一大筆錢呢？這根本就是在虛偽的做好人！

他臉上不太高興的說：「我昨天來的時候，在路上有人喊我，我東張西望，終於找到落在地上的車痕泥巴中一條鮒魚在掙扎，我問它：『你叫我幹嘛？』它說：『我是東海裡的一尾海波大臣。落難至此，你能不能給我一升或一斗水救我一下？』我說：『好呀！等我去南方的吳越之國遊歷時，導引整個西江的水來救你好嗎？』鮒魚等不及的說：『眼前我急需要水，它是活命用的！我只要升斗之水就能苟活，等不到你引西江之水來，再等下去，你不如到魚乾市場去找我吧！』」

——外物

所謂「救急不救貧」，一時之急比較迫切，一點兒小忙都不肯幫的話，豈能指望他會捨得幫你大忙？有些人善於說大話、空做允諾，其實只是虛榮、吹牛皮、好面子。

第46則 神龜落難

宋元君半夜做夢，夢到有個人披髮在門口，探頭探腦的，神色有些慌張。宋元君問他要找誰？此陌生人說：

「我來自宰硌深淵，爲清江出公差，出使河伯那兒，路上被漁夫余且捕獲。請你救我！」

早晨醒來後，宋元君覺得這個夢很奇怪，夢境很清晰，不像以往的亂夢，先找宮廷中的占卜官來問話，幫他解夢。占了一卦，卜者說：「你夢到的人是一隻神龜。」

宋元君問左右的官員：「漁夫當中有人名叫余且的嗎？」

臣子回報說：「有這個人。」

宋元君要人去找他來。

次日，余且被帶來朝廷，元君問他：「你最近是否捕到什麼奇特之物？」

余且想了一下說：「噢！前二天我用撈網撈到一隻白色大烏龜，它的背呈圓形，大約有五尺長吧！」

宋元君要他獻上來。

漁人把白龜獻上之後，宋元君本來想放生的，但又捨不得，私心與貪念作祟之下，又卜一卦，占的是好卦：「殺了這隻龜，用作卜具，大吉。」於是狠下心腸，令人殺了這隻白色神龜，用以試驗，連卜七十二卦，每次都很靈驗。

——外物

　　這隻神龜到底靈不靈？有沒有找錯人？

　　宋元君難道不怕遭報嗎？

　　神龜若真有靈，它應該怎麼辦？

　　至少我們可以知道，從殷商留傳下來的占卜文化傳到周朝，春秋時代依然完整，君王每事必卜，科技盛行的二十一世紀，反而對占卜文化很疏遠了。

第 47 則　逃避王位

南方的越國人民有弒殺國君的三次紀錄，王子搜擔心自己也遭殺身之禍，所以不肯繼承王位，落跑出外，藏在山中丹穴裡。

越國無君主，百姓也終日惶恐不安，不可一日無君，他們派出人手四處尋找王子的蹤跡，終於還是被發現了，躲的不遠，就在越國境內。

臣民在山洞外大聲請求，王子不理會。逼急了，越人在洞山薰稻草，終於把王子給薰出來。強迫他坐上王轎。王子很不情願地拉住轎子上的扶繩，坐上車子，不勝唏噓的對天長嘆：「王位呀！王位！我擺脫不掉你嗎？」

王子搜並不是厭惡王位，而是厭惡為君的災禍。像這樣的心態，是不可能以權勢來迫害百姓生靈的，所以越國人才擁護他為君王。

——讓王

第 48 則　知輕重

　　戰國時期韓、趙、魏三家分晉，周威烈王在西元前四〇三年封三家為諸侯：魏文侯、趙烈侯、韓景侯。三晉中以趙居北，韓國土地約九百餘里，魏國土地約有千里，但地勢高低不平，山勢縱橫交錯，所以魏國土地在中間地區被韓國的上黨區所切斷，上黨正是太行山脈的尾閭，地勢高，古代稱上黨為「天黨」，意為「齊天」。而小小衛國竟然整個兒在魏國西部境界之內，難怪小衛國後來完全臣服於魏。

　　韓、趙、魏三家原本是晉國的六卿，有親屬血緣關係，地理上又相互糾纏重疊，所以在合縱連橫之時，韓與魏根本是一體的，同進同退、互相依存。不過以國勢來講，戰國初期魏國比較強盛，因為開國之君魏文侯用了三位法家重臣：制定「法經」的李悝、鎮守鄴城的西門豹、鎮守西河的吳起，在這三位才幹之士的用心策劃下，魏國的社會富足，建都安邑，可惜子與孫皆不材，在惠王時期因發動攻打韓國的侵略戰爭（西元前三四一年），被齊國孫臏攻打要地大梁，魏申太子被俘自殺，魏將龐涓中計，死於山東濮縣的馬陵道上。

　　韓國與魏國因為國土高低參差，所以常起土地糾紛，互相爭地。魏人子華子前往韓國說服昭僖侯。昭僖侯面有難色，心情凝重。

　　子華子說：「假設現在老天爺給你一道秘密天書，上面

寫著說：『用左手搶奪，就會被廢去右手。用右手搶奪，就要削去左手。搶奪的人才能有天下。』這種條件您願意接受嗎？」

韓昭僖侯說：「寡人才不要呢！」

子華子為他分析說：「是呀！如此講，就可了解兩隻手臂比天下還重要，身體性命又比雙臂來的重要。可是韓國的九百里土地與天下相比，是既小又輕的不能比。現在韓與魏二國相爭的一片疆界，更是小於輕於整個韓國。你都知道身家性命的重要了，何必為身外之物去憂戚煩惱呢！」

昭僖侯聽了後心開意解，神色輕鬆的說：「哈！出主意的人是很多，可是沒有一個人用你這種講法。」子華子可以算是一個知輕重的人吧！

——讓王

這是類比式思考，其實昭僖侯只要反駁華子：「搶東西未必會斷手。」前題就不成立了！或者也可以反幽他一默：「老天爺下天書說：左手拿了右手也要。右手得了左手也受獎勵！」如此就封住說客的口了！

第 49 則　厭惡富貴

魯國國君哀公聽人盛讚國內有一位賢德之士，名叫顏闔，家境清貧，特地派遣使者贈送幣帛到他家。

顏闔住在貧民窟，穿著粗麻衣，自己正在餵牛。魯國使者找到他家，家裡窮的請不起下人，當然只有主人出來招呼客人。

使者問：「這是顏闔先生的家嗎？」

顏闔回答：「是呀！是顏闔的家。」

使者拿出禮物幣帛要送給他，顏闔不敢接受，找理由說：「你會不會聽錯了？萬一聽錯了你會白跑一趟，也會被主上責怪，不如謹慎一些，你再回去弄清楚吧！」

使者回去查問，沒有錯，又跑一趟，這次顏闔已經躲起來了，找不到人！像他這種行徑，真是厭惡富貴的人。

——讓王

近日有一案件，政府二十年前發放地價補償金，因門牌號碼掛錯，致使發放補償金錯誤，被鄰居領走。二十年後才發現錯誤，法律上有「法律追訴期」，也早已超過，不得追究。不愛財的人在現實世界中還真不多呢！

第50則　無功不受祿

鄭國周屬王的兒子友伯所受封的地，位於河南新鄭，剛好處在晉國和楚國兩大強之間，能夠在八十多年間歷經七十多次戰爭，差不多平均一年多有一場殺伐。

鄭國最著名的是宰相鄭子產賢良治國，受到孔子不斷的稱讚。不過晉國被瓜分後的次年，西元前三七五年，韓國攻陷鄭國，小鄭就此滅亡，國都新鄭就成為韓都了。

子列子很窮，面有菜色，養活妻小很困難。

有說客告訴鄭國君子陽：「你們鄭國住著一位有道之士，名叫列御寇，這麼賢能有才幹的人卻窮的沒飯吃，人家會懷疑你這個君王不禮賢下士！」

鄭伯子陽就命令官吏送米糧去列子家。列子見到官差，辭謝不受。

官差離去後，列子進入屋內，他的妻子很難過的用手拊在胸口說：「我聽人說：有道之人的妻子都很快樂，可是我現在挨餓，並不快樂。君主來此送你糧食，你卻不接受，這豈不是一輩子窮命嗎？」

列子並不在意，反而勸慰妻子說：「鄭伯送我米糧，並非認識我這個，只是聽人說起我的名聲而已；萬一那一天他又誤信人言，入罪於我，那我豈非自招橫禍嗎？這種飛來的財物是不能接受的！」

其後沒多久國中有災亂，鄭伯被百姓殺了。

——讓王

　　列子的夫人幽怨地挨餓，有點兒像馬克思的妻子，生了幾個孩子都養不活，她對馬克思說：「你一生研究唯物論，爲何不弄些麵包回來裹腹呢？」

　　修道人對於家庭似乎不好交待，無怪乎佛教和天主教鼓勵單身修行。這一則寓言應該編放在後面雜篇第十的「列御寇」才是。

第51則　寧可屠羊

　　楚國與吳國交界，楚大夫申公巫臣與楚將子重、子反有仇怨，自楚奔向晉，教晉國聯合小吳國一起制楚。又自請出使到吳國，教吳民車戰之術，嗾使吳王壽夢攻楚。

　　在楚平王時伍子胥因父兄被殺而逃亡至吳，受到公子光重用，這位公子光後來殺了姪兒吳王僚，奪取王位，是爲吳王闔閭，此時吳王得到伍子胥、孫武、伯嚭、專諸等眾多人材，使得國力大盛。吳王在當公子光時已是大將，經常帶兵攻打楚，現在登基之後更是親自出馬，殺死降楚的姪兒蓋餘、燭庸。

　　此時楚平王已過世，昭王即位，吳王五戰五勝，以破竹之勢一直攻打到楚國都郢城，即今天湖北的江陵地方。楚昭王逃到湖北隨縣，伍子胥得以趁機刨開楚平王之墳，鞭屍三百下。這是西元前五〇六年的事，也是楚昭王十年。

　　楚大夫申包胥逃到秦國求救兵，秦國不願耗損兵力，不答應協助，申包胥站在秦庭上痛哭七日七夜，令哀公感動，出兵五乘救楚。

　　越王允常趁吳國空虛之際偷襲吳都，吳王闔閭受到秦越二面出兵，不敢戀戰，立即班師返吳，楚昭王得以重返郢都。這是西元前五〇五年的事。

　　楚昭王受到吳王闔閭的進攻，逃亡失國，流亡的宮廷隊

伍中有一位屠羊的人，名叫說。他主動加入流亡的行列，以示忠於楚王，生死與共。

流亡了一年後，戰爭停息，昭王返國，獎賞這些在危難中護衛王室的人。每人論功行賞，當輪到屠羊說的時候，他不接受，他說：「大王失國，小民也失去屠羊的生計。大王如今返國，小民也可以返回從前的生計。我的生活已經有了著落，又何必再受獎賞呢？」

這個話上傳到王的耳中，昭王很感動的說：「一定要他收下！」

屠羊說又抗拒命令說：「大王的失國不幸遭遇，不是我造成的，所以不能入我於罪。同樣，大王能返回國都，也不是我的功勞，我當然也不敢接受賞賜！」

昭王覺得這個人很特別，想要見見他。

屠羊說請使者傳話回去：「楚國法律規定：必須要有重賞大功時才能晉見大王，今天小民的智慧微小，不足以保存江山，我的勇氣不足以殺敵衛國，我只是個平庸的小民，一見吳軍攻打入郢城，心中害怕，才依附於大王的軍隊，我只是在躲避匪寇而已，不是特地跟隨大王的。現在大王要破例見我，這是廢法毀約的行為，恐怕也不是我能擔當得起的罪過哩！」

昭王對將軍司馬子綦讚嘆說：「這個人的身份卑微，卻懂得大道理，很不簡單，我要重用他，你為我以三公之位請他。」

屠羊說義正言直地對大將軍說：「三旌之位是比我的宰

羊工作高貴，萬鍾之祿也比宰羊要賺的多，不過豈可因小民之貪圖爵祿而使我的君主蒙上妄施的罪名呢？我不敢當，我寧可回家做我原先宰羊的工作。」他依然不接受。

——讓王

　　雜篇的故事有不少都是出自史實，語氣內容都與內七篇不同，所以後世學者推論不是莊子原著，不過為了完整性，原來莊書有五十二篇的，現在只剩三十三篇，不宜再隨意刪減，所以雖然心中存疑，但仍然視作莊學的一部份。

第 52 則　高潔之士

在周朝初期，有賢士二兄弟，叫做伯夷、叔齊，住在河北孤竹。二人商量說：「聽說西方有賢人，好像是修道者，我們去看看！」他們來到周文王的國都岐山之南，武王派弟弟周旦接見他們，與他們立下盟誓：「歸順我朝，為朝廷盡心，將加俸祿二等，任官一級。」以牲口之血塗抹在盟書上，埋入土中，以此為誓。

伯夷、叔齊向周公旦拜別之後離開岐山，二人在路上相視而笑說：「嘻！怪哉！這不是我們所尋找的道！往昔神農氏治理天下，四時祭祀，只求恭敬神明，不求上天保佑。對於人都忠信盡治，一無所求。百姓願意被治理的就加以管理，樂意參加政事的就讓他們為政。不因別人的卑劣而自我虛誇，不以別人的罪過而自顯成就，更不趁機圖利。現在周朝是逮到了機會，見殷商自亂而改朝換代，存心篡謀王位而行賄賂，若不聽從，就派兵顯威風。宰殺牲口，結盟立誓以為信，四處宣揚理念，動干戈以謀利，這不過是以暴易暴罷了！本質一樣，半斤八兩。傳聞古時候的人遭逢清明盛世是不會逃避社會責任的，願意出來承當工作；碰到亂世也不貪生，不願同流合污。今天下闇昏，周德也不好，與其存活下去自污其身，不如避世以保持操守！」

兄弟二人向岐山之北行，走到首陽山去躲起來。後來逐

餓死在山中。此二人獨樂其志，不食周粟，節行高超。

——讓王

　　前面《莊子》內七篇不時提到伯夷、叔齊，所以在雜篇列出此二人的簡單傳記，以說明志向，顯然這是莊學後人所附記，用意正在方便學子。

第 53 則　發財之道

　　宋國有個人叫曹商，說服宋偃王派他出使秦國，行前得到宋君派給他車數輛，馬也有數匹，見到秦王後，馬屁拍得好，討得秦王歡喜，又給了他百輛車乘。這下子他洋洋得意地回到宋國。

　　碰到莊子，惟恐天下人不知的趕快炫耀：「哎呀！住在貧民窟的破爛巷子裡，窮得編織草鞋為生，賣不出去，餓的面黃飢瘦的，我是沒這種本事啦！只不過有一項小小的長處，那就是能說服萬乘之君，他會酬謝我百輛車乘呢！」

　　莊子不甘示弱的頂回去：「你出使秦國，是嗎？秦王一向有個規矩，有病召喚醫生來時，酬金是分等級的。治好臉上的痤瘡，背上的癰疽破膿流出，賞車一乘。為他舐痔瘡的，得車五乘。越不堪的，賞的越多，你為秦王舐好多少個痔瘡？怎麼得到這麼多車？」

——列禦寇

　　宋國不是周之後，而是殷商後人微子啟的封國，階位較高，屬公國，地處河南商邱。著名的有宋襄公，還有中國歷史上最早的國際和平大會，第一次在西元前五七九年，宰相華元發起，因為夾在晉楚之間，小國難為。戰爭有四十多次。第二次弭兵之盟由宋大臣向戌發起，共有十四國參加。

第 54 則　驪龍之珠

有個人被宋王召見，得賞車十輛，立刻得意的向莊子炫耀自己的才幹多麼受重視。

莊子淡然地向他分析這究竟是福？還是禍？莊子說：

「河岸上有一戶貧窮人家，平素靠編織葦草來求生，有一天他的兒子下水去打撈，摸到一顆千金之珠，很歡喜的拿給父親看，他父親仔細想想，覺得不對勁，叫兒子趕快用石頭把它打碎。兒子當然不肯。做父親的只好告訴他：『這麼珍貴的珠子必定出自九重深淵的驪龍頷下，你能拿到它，一定是趁龍正在睡覺時才拿得到。等龍睡醒了，發現珠子被人偷走，你的小命就保不住了！』現在宋國的深沈，比九重深淵還要深，宋王的猛暴凶殘，比驪龍還有過之，你能受賜十輛車，一定是正逢他腦筋不清楚時，等宋王那天腦筋清楚了，你就完蛋了！」

——列御寇

宋國的地理位置與鄭國一樣，夾在晉楚兩大強國之間，從楚成王的城濮之戰（西元前六三二年）到楚康王的弭兵之盟（西元前五四六年），這八十六年間，宋國遭遇戰爭在四十次以上，悲慘的處境已到「易子而食、析骨而炊」的慘況了，小宋處於東有齊國、北有晉國、南有楚國的夾攻狀態下，國際地位微妙，利用三個國家之間勢力的矛盾衝突與消長，

爲自己求取窄縫中平衡生存的機會，他既飽經戰禍，深知外交折衝之道，所以本故事中說：「宋王之深，深於九重之淵。」正是指這種政治外交的微妙衝突。既然百姓悲慘到「易子而食、析骨而炊」的慘況了，可見小宋是很窮的，豈會有多餘的閒錢胡亂送人？這故事中的說客看事不透澈，還沾沾自喜受到宋王賞賜，這根本是禍不是福呀！

第 55 則　寧為牛犢

　　有人想邀聘莊子出來當官，莊子告訴前來致意的使者說：「你應該看過祭典中被用作犧牲的大牛吧！身披紅綢緞，飼以上等豆料，等到被逼著牽入大廟時，再後悔想當一隻瘦零零的自在小牛已經來不及了！」

——列禦
寇

　　一連串幾則故事都是譬喻式，把賞賜譬喻為珠子，把宋王譬喻作猛暴的龍，莊子自喻為牛，這種手法在文學上稱為喻體和喻端，牛、珠子、龍這些客體物都是喻端，主題人物是喻體，經常莊子省略了喻詞，所以顯得比較靈活。

第 56 則　回歸於大地

莊子臨終時，有弟子圍繞在身邊，他們商量著，要為老師好好的入斂，不怕多花費，一定要厚待孝敬老師。

莊子知道弟子們的好意，但幽默地說：

「我還需要什麼棺材麼？天地就是我的棺槨。裡面還有日月連璧，星辰珠璣這些陪葬物，不必怕被偷；萬物鳥、獸、蟲、魚都為我送行，我的葬具不是早就有了嗎？何必為我費心呢？」

徒弟說：「我們擔心沒有棺木的暴露在外，會被飛鷹來啄食！」

莊子微微笑著說：「嗯！若是暴露，上面遭鷹鳥啄食，那要是埋入地穴，還不是一樣被蟲蟻蛀食，反正屍骨一定要分解的，何必奪此與彼？這不是偏心嗎？」

——列禦寇

莊子至死還開自己的玩笑，把生死看的親切又自然，生既紛擾受累，焉知死不是得大解脫乎？

夏篇：譬　喻

　　莊子不像主張「文以載道」的韓愈那般平鋪直敘，而是性喜詼諧、嬉笑怒罵，他最常用譬喻，可以說他的類比式思考是他的特質之一，遇到任何事的反應，都不直接作答，而是拐個彎兒，打個比方來戲弄人。

　　類比式思考要考慮到質與量的適當，要合乎邏輯地作合理類比，像「山腳下」、「半山腰」就是以人體型態類比於山，莊子的類比往往在性質上適當，在型態上出乎人意料之外，像「道在哪裡？」起先說在「螻蟻中」，後來竟然說「在屎尿中」。本書著重點在於莊子的幽默風格和超越的智慧，所以不打算用硬性刻板的學理來作分析，更不希望用邏輯語詞來分解離析，我們試著以雲淡風清的好心情來欣賞莊子的可愛。

　　「春篇」部份的五十六則寓言故事中，已經混合有數則譬喻，所以在「夏篇」部份，就不必再重複。

第１則　小小小小鳥

　　陶唐氏堯帝想讓位給許由，他對許由表達仰慕之意：
　　「天上的日月出來後，地上的小燭光仍不熄滅，它微弱的光度如何與日月之光相比呢？雨季時下大雨，此時若再澆

灌田地，豈不顯得很多事又費力嗎？先生，您的才幹足以治天下，而我卻佔尸位，內心自覺羞愧！請先生你出來接受帝位吧！」

　　隱居在河南登封縣南邊箕山的許由，心中不為所動，他緩緩的道出意見：「現在你已經登基為帝，天下也已經治理的很平靜，若再找我來代替你，那麼我是為了什麼？為了出名嗎？『名』只是實質的外殼，我會喜歡當一個空殼子嗎？小鳥鷦鷯在深樹林中做巢，最多也不過只佔用一根樹枝；田中地鼠口渴了，至多也不過喝一個飽腹，用不了多少水！森林再大，小鳥所用不多；河水再寬闊，對地鼠提供所費也不多！我只願意當一隻小小小小鳥兒，當一隻躲藏在地洞中的小田鼠，不想當什麼帝王！你請回去吧！我不想當帝王！大廚司雖然不在廚房裡，主祭官也犯不著去代替他端盤端碗！別人的工作自有別人作，不需我來操心！」

──逍遙遊

　　許由把自己譬喻作一隻小鳥，一隻畏縮膽小的地鼠，如此卑微的在山林中野地裡求生，所需不多，但求適志而已，這是從物質利益來比喻許由沒有什麼企圖野心。他又舉一例：每個人有他自己份內之事，一位主祭官的工作是唸禱詞，心思意念專注在抽象的與鬼神合一，僕役沒有來，可以找另一個人來替代，犯不著由尊而卑地去動手作下人端碗盤，準備酒菜的煩人工作！這個比喻與前一喻不同，有不肯多事，不願紆尊降貴去做下等之事，後面這一喻有雙重意

思，明著說：不肯越界多管閒事；含蓄地說：放著自由的尊貴之身不幹，何必去自甘墮落地從事骯髒污穢的政治呢？

「禪讓」之治是眞有其事？或者只是神話？從史實上來看，劉邦立誓：「非劉姓者不得當帝王！」他擔心權力落入外戚手中，居然與臣子們共同立下此誓！李世民、朱元璋都找算命專家來占卜「大唐江山」、「大明天下」的享壽有多長久？表示天地根本是他家的囊中物！豈有到手之物會讓給別人的？所以「禪讓」之說實在與人性不符合！荀子在「正論篇」認爲：禪讓只是虛假言論，「淺者之傳，陋者之說！」韓非子乾脆說：「舜逼堯。禹逼舜。湯放桀。武王伐紂。此四者皆人臣弒其君，而天下譽之。」

如此的懷疑比較合情合理，禪讓之舉推崇不慕權力的道德情操，正像是人間因爲有忤逆不孝或大亂倫之事，所以才要矯正以父慈子孝。現代逐漸披露了許多父母拋棄子女，虐待子女的事，難道古代沒有？不可能！人性自古以來皆然！只是流言傳說被歲月遺忘了！

第 2 則　神人

肩吾與另一位修道人連叔聊天，肩吾說：

「楚國隱士接輿也有點兒離譜，修道修的腦筋短路，講起話來顛三倒四，大而無當！他的話呀，像天馬行空一般，如銀河虛空之無邊無界，實在太離譜！太不近人情！」

連叔看他反應這麼激烈，問他：「到底他對你說了些什麼？」

肩吾說：「哼！他說：有一座遙遠的神仙山，叫姑射山，山上住有神人，他的皮膚潔白如雪，體態輕盈，優美的像女孩子。平常不食人間五穀，只吸風飲露。他乘飛雲，駕遊龍，遨遊於四海之外。只要他專注心神，就可以使人間去除災疫疾病，年穀豐收。」

連叔很讚同的說：「他說的是真事！你自己無知，才會大驚小怪！瞎子是無法閱讀好文章的，聾子也不能聆聽鐘鼓音樂的美妙。所謂殘障並不只是身體形骸有殘障，我們的知識智慧見識也一樣有殘障。你這種知識上的白痴豈不就是殘障！神人的大德能澤披天地萬物，使之合成一個大整體，所以不會受到物質界的傷害，大水災再嚴重，水浪濤天，神人也淹不死！鬧旱災時山石金屬都要被溶化了，神人還心神清涼、不燥熱。神人身上掉落的塵垢粃糠足夠用來陶塑堯舜那般賢德的人！他對世間事冷眼旁觀，才懶得搭理這些俗事呢！」

——**逍遙遊**

　　有沒有神人？我們這些凡夫很難猜測，很難想像。

　　莊子罵人不直接說：「你這個白痴！」「你是隻豬！」他很優雅地說：聾子聽不到音樂，也無從分辨樂音和噪音，更無法享受繞樑三日的美妙仙樂！瞎子無法看書寫文章，當然也無從領略世間佳作。

　　筆者認識一位住在巴黎的華僑，是個瞎子，曾經到輔仁大學旁聽「佛學概論」，他來到台灣不容易，大約停留一個月，四處搜集佛學錄音帶，他帶一些經典回去，請別人唸給他聽。

　　平均他二、三年打一次越洋電話給我，或者在台灣停留時以電話錄音的方式要求我教他一些經與咒，太長的經文當然無法介紹給他，即使能送給他，他也無法閱讀，像《楞嚴經》、《維摩詰經》、《華嚴經》之類，就算他在法國請人唸給他聽，也很困難唸完全部佛典。這時在電話此端的我，心中感到幫不上忙的難過，只能教他持咒，反覆再三的為他錄音。

　　形體的殘障的確是一種遺憾！但更大的遺憾是心理上與知能上的殘障。有的人有酒癮、毒癮，一旦沾染上等於是個廢人！是個人渣！知能的殘障是自我封閉，物質慾望十分強烈，完全生活在我執頑固之中，距離靈性層面太遙遠，這種心理、知能的殘障就是莊子口中的肩吾。我們生活當中經常有這種盲聾人士存在，你會著惱嗎？

第3則　創造力

　　惠施告訴莊子：「魏惠王送給我一些大瓠瓜的種子，我把它種下去之後，它確實長出了許多大葫蘆，但是它太大了！通常吃不完的葫蘆瓜可以放老、曬乾，拿來當水瓢用，或者用來盛裝水酒當酒葫蘆用，可是它這麼大，當酒葫蘆根本提不動，當作水瓢，廚房也放不下，總嫌它礙事兒，所以我把它打破，丟掉了。」

　　莊子聽了說：「那你就是只會用小，不會用大。缺乏創造力！春秋時期宋國有人會調製一種藥膏，可以保護手，讓雙手在冬天不會受凍發裂，他們家是從事漂染業的，冬天水寒，用這種藥膏才不會手破。後來有一位客人聽說有這種藥，向宋國人買下藥方，願意付給他百金。這戶宋國人家族討論說：『我們家裡世世代代都以漂染絲絮爲業，賺的不多，現在這個藥方這麼值錢，能值百金，就把這道藥方賣給他吧！』來客買得藥方之後到吳國，向吳王進言，獻上不龜手的藥膏，正好越軍又來犯，吳王派遣此人爲將，在冬天與越人在水中作戰，打敗越人，吳王以封地酬謝這位將軍。這道藥方只是用來保護手，但有人拿來用作漂染，有人用來受封地，同樣都是一劑藥方啊！看你怎麼用罷了！你現在有五石這麼大的瓠瓜，爲何不用作小舟，浮游於江湖之上？還擔心它沒地方放！你的心思呀真是狹窄的像飛蓬一樣！欠缺創造力！」

——逍遙遊

　　惠施曾經當過魏惠王的宰相一陣子，這是戰國時期的事。惠王送一些瓜種子給惠施，惠施又把它種下去，天天澆灌，看它長大。瓠瓜要搭竹架子，一個一個碧綠的葫蘆形瓜懸掛在架子上，既好玩又有趣！

　　神仙故事中那些道士呀酒仙哪都愛喝酒，到酒舖子打酒的時候就是自備酒具裝酒，酒葫蘆是十分普遍的容器，以繩子拴在腰上，相當於現代小學生人人都有的開水瓶。

　　賣藥的走方郎中以葫蘆裝藥，所以說：「不知他葫蘆裡裝的是什麼藥？」

　　長的中間細腰，上面小圓，下面大肚子的才能當作葫蘆，也不是每一個都長的勻稱可愛，有些不好看，只有下面一個圓圓的大肚子，上面發育萎縮，成為單圓，不是雙圓，這種形狀的瓠瓜就用作廚房裡的水瓢，用以澆水、燒飯。

　　如果真的長的很大，放在地上搖來幌去，也不能用作水盆，這就嫌礙事了！不過可以當作垃圾桶哦！或者當作置衣籃，莊子想到的是當作小舟，不過會不會翻船就要等待實驗才知道了！

第4則　有用與無用

　　惠施和莊子聊天，偶而也會損他一下：「我們有一棵大樹，是一種叫樗的落葉喬木，它長的非常粗壯，皮質粗糙，材質不佳。它的樹幹臃腫凹凸，無法以繩尺丈量，上面的分枝卷曲，也無法中用。這種樹啊，無論種在哪裡木匠都看不上眼，不會要它的！嘿嘿！你這小子講話就跟這棵樹一樣，大而無用，被眾人所遺棄！」

　　莊子不甘示弱，另找理由頂回去：「你要談有用無用是吧？你該見過黃鼠狼吧！它卑身屈伏，專門抓老鼠，偷吃雞，它跳的高，能上樑屋，可是一不小心也會中機關，死於網捕之中。這是有用中的無用。再說西藏阿爾泰山的犛牛吧！它的身體大的像牛，身披長毛，尾巴像馬尾，毛很長，頭上長角，它力量很大，能爬高山，還能背負重物，在喜馬拉雅山一帶居民把它當個寶，上山下山的行旅絕對不能沒有它，你說它有用吧！但是不會抓老鼠，比不上一隻黃鼠狼。你現在既有一棵大樹，煩惱它沒有用，何不把它種在無何有之鄉，廣漠之野，散步徘徊在樹蔭下，逍遙的在樹幹旁睡覺！既然材質不好，就不會遭到斧頭砍傷，於人無用，也不會自招禍害，這還有什麼不好呢？」

　　　　　　　　　　　　　　　　　　——逍遙遊

　　此段故事一共出現了三個比方，惠施年紀比莊子大，曾在魏國擔任宰相，但只是「曾經」，而好景不再！此話怎說

呢？魏國在戰國前期是一個超級大強國，它的開國元君魏斯
--魏文侯特別能幹，能夠任用李悝、吳起、西門豹，所以國
勢比其他鄰國要強的多。不過一代不如一代，文侯的兒子武
侯保得住江山郤保不住國力，孫子魏惠王福份更大，才幹也
更差，武侯時期不重用吳起，惠王時期重用龐涓，主動發起
二次戰爭，一次攻趙國邯鄲，二次攻韓國，惠施就是當年青
氣盛的魏惠王宰相，魏惠王在急功近利的群臣包圍之下，不
斷想要擴張國勢，惠施在這種競爭的朝廷裡想要維持身份，
是相當不容易的事。可以了解為何惠施總是以有用無用的實
際利益觀點來衡量事物，他自己所處的危險環境都是朝不保
夕的惶恐狀態！在魏惠王發動第二次侵略戰爭時，齊國孫臏
在馬陵道殺了龐涓，報了刖足之仇。被俘的太子申自殺。碰
上能幹的衛鞅伐魏，此時魏惠王死了兒子之後，折損一員大
將，再也得意不起來，只好獻出河西之地，衛鞅之所以受封
十五邑，改名商鞅，還要感謝此次戰爭呢！接著魏國遷都大
梁，這是西元前三四○年的事。

　　惠施的晚年在年青的政客競爭之中當然是不得志的，所
以結交了莊子這個有趣的朋友，莊子也了解仕途不得志的心
態，所以很不著痕跡地安慰這位被逼退的老人：沒有用也是
一種有用！那些有用的跳樑小丑終有一日中到機關網罟，會
不得好死！吳起死在楚悼王的棺材旁，刀箭齊下。龐涓死在
夜間一棵大樹下，萬箭穿心；跟他們比起來，惠施的晚年不
得志，郤得以壽終正寢，不正是一種福份嗎！

第 5 則　天地一指

　　我們若以食指來譬喻一指非十指，倒不如以多指來明喻一指之非十指。

　　以一匹馬來譬喻此馬非全部的馬類，倒不如以五花雜色的馬群來喻知一匹馬非全部的馬。

　　天地萬物之有限，也不過是十指中的一指，廣大馬群中的一匹馬罷了！

——齊物論

　　這是明喻，有限與無限之比，種與類之比，莊子很擅長於抽象的思辨推理，若有可能，筆者打算在第三部份審慎的探討莊子的方法論，此處暫且一瞥過目。

第6則　判斷標準

缺牙與王倪聊天。缺牙問：「你知不知道真理的判斷標準為何？我們要如何辨別是非善惡？」

王倪淡淡地說：「我哪會知道？」

缺牙又認真的追問：「那你總該知道什麼是自己不懂的吧？」

王倪還是懶洋洋地敷衍他：「我怎麼知道？」

缺牙很不耐煩的說：「你什麼都不知道！那豈不是對於真理完全無知了嗎？」

這時王倪看他動了氣，只好耐心地為他解釋：「能否知道真理實在很難說，得先看看什麼才是真理？你所說的『知』也不是真的知，我的『不知』也並非完全無知！你瞧瞧吧！一般人泡在水裡，睡在水邊會得風濕性關節炎，可是泥鰍不怕水呀！我們爬在高樹上，會頭昏眼花，可是猴子喜歡的很呢！猴子、泥鰍、和人，這三種哪一種才是安居的好地方呢？我們人類吃家禽、家畜的肉，麋鹿吃細嫩的青草，蜈蚣會鑽入蛇的腦袋中吸食腦髓，貓頭鷹喜歡吃老鼠，這四種哪一種最為美味呢？公猿找母猴交配，公鹿和母鹿出雙入對，泥鰍與魚兒共同嬉水遊玩，人們共同讚美毛嬙、西施，可是魚兒見了她們躲入水中，鳥兒驚飛四逸，麋鹿見了也拔腿奔逃，這四種動物和人到底誰最漂亮呢？用我的角度來看，仁義之端其實是是非之途，導向混亂糾紛的下場，我們要如何下判

斷？」

　　缺牙聽了這一番話，心中茫然的說：「那麼你自己不知是非利害如何下判斷，那些至人也不知道是非利害嗎？」

　　王倪笑著回答：「呵！至人神矣！他們身處在山林中，火燒不死他們，在大江河漢裡也不會受凍，雷劈電擊打不到身上，驚風駭浪也嚇不了他們。他們乘雲氣，騎日月星辰，遊於四海之外，生死都無法改變他們的心情，何況是人世間可笑愚蠢的關係利害呢？」

──齊物論

　　真理、道德、美感、如何抉擇？如何下判斷？

　　絕對真理存在嗎？物理學不斷推陳出新，天文學也日新月異，所以科學知識大多是相對的真，少有絕對的真。

　　道德良善亦有風俗、文化、種族、地域的差別，像一夫一妻制、一夫多妻制、一妻多夫制，何者合法？何者犯法？

　　至於美嘛？各取所好才是最妙，烏龜看綠豆，對了眼兒就行！

　　缺牙問的很正經，很嚴肅，何謂真理的判斷標準？

　　王倪以生活當中最明白簡單的事物表達出沒有固定標準，看來譬喻是最佳的教學方法，明白、易懂！效果強勁有力！

第7則　大體解剖

有一位出名的庖丁，他用刀的技術出神入化，春秋戰國時代盛行軍事兵學，劍士武術，沒想到菜市場的屠夫也能有出頭之日。

庖丁在文惠君面前展露他宰牛的身手：只見他伸手輕觸，以肩頂附，跨足輕踩，膝蓋傾斜，配合著明快的刀響節奏，每一輕脆的「霍、霍」聲，無不皆合音律，好像在看殷商時的桑林之舞，聽堯舜時的咸池樂章，美妙極了！文惠君很讚嘆的誇獎：「你的刀法真是不凡，竟然有音聲節奏感！你的技術是如何練成的？」

庖丁把刀放下，站起身來對文惠君詳細解說：

「原本我是個修道人，喜愛修道，後來把它放入生活營業中，改進技巧。剛開始學這一行時，所見到的就是一隻隻完整的牛隻，三年之後我眼中所見的不是牛形。現在呢，我不再以目視，而是以神遇之，官能知止時，心神仍然運行著。只要依循自然天理的結構，劈開大骨縫隙，順導筋絡肌紋，順著牛體骨骼結構，它的四肢首尾是不會造成障礙的。普通的屠夫們大概一個月要換一把刀，都砍擊的出現扭曲缺口，好一點的屠夫一年用一把刀，他不硬砍，而是順著劃割；我呢？我這把刀子已經用了十九年了，這十九年當中不知解開過幾千頭牛，我的刀子還新新的像剛出爐的呢！牛的骨節雖密，但一定有間隙，我的刀刃薄的很，以這麼薄的利刃切入

它的縫隙，實在寬鬆呢！真是游刃有餘哩！所以這十九年以來刀刃好像是新的。不過每次在面對肢解之時我還是不敢大意，心中依然自我警惕，收斂視覺感官，行動放慢下來，稍微動二刀，霍然已解，牛兒還渾然不覺它已經死了！頓時四肢倒地，像傾土在地一般無力。如此既不傷牛之神，工作又輕鬆做完，手中提刀站立，看著自己的成果，心中的確有些躊躇滿志，心滿意足的輕鬆之感，把刀口擦一擦，收好才走。」

文惠君聽的目瞪口呆，有所領悟的說：「哎呀！我今天聽您講解屠牛之道，也開始懂得養生修行的道理了。」

——養生主

這篇故事是暗喻，把用刀之道溶入修身養性之道。

《法華經》中說：「凡一切治生行業皆可入實相。」換言之，修道不是少數人的特殊興趣，任何行業任何工作都能發現入道要領。道在何處？各行各業都有！

武俠小說的刀光劍影，曲折離奇的故事令人心醉神迷，一樣是刀劍利器，用在戰爭上、用在黑社會的恩怨情仇上、用在年青浪子的爭奪地盤上，似乎都與道有關，庖丁熱衷修道，有一技之長能養活家人，且又能服務社會，這種用刀技術才是正道哩！

第 8 則　太子傅難為

　　魯國賢人顏闔被衛靈公聘任爲太子傅，上任之前當然希望多了解一些王孫貴公子的癖好，所以他向衛國的朋友蘧伯玉請教了一些題。

　　在進入故事之前我們也不妨先對衛國做一些史實回顧。

　　衛國的先祖是周文王的兒子康叔，封爵位二等侯，都於朝歌，相當於河南的淇縣，文公時遷都楚丘，成公時遷到河北的濮陽。

　　它的領土不大，稱作「小衛」是不爲過的，西元前七一九年衛州吁殺了衛桓公而自立爲王，接著與齊、宋結盟；由於位處北方，所以常受到北狄的侵襲，與邢國一同遭殃，所以邢與衛同時遷都，也請強國協助抗狄。齊桓公當了霸主之後，小衛始終是他的盟友，每次諸侯大會一定到場，大概只有愛與三位妻妾共浴的衛靈公是例外。

　　小衛併吞掉了小邢，其實一直平庸的乏善可陳，直到鬧了一件醜聞，才令人印象深刻。

　　前面説過衛州吁篡位，但不得好下場，又死於反政變中，他的弟弟衛晉登上王位，是爲宣公，這是西元前七○一年。年青的衛晉與他父親的年青小妾夷姜有染，在儒家的説法是兒子與庶母私通，生下一個兒子，居然爲他取名「衛急子」──急急忙忙趕來投胎。起先寄養在外，等到登基之後私生子就被封爲太子。

　　接著胸懷大志的衛宣公事事有求於大強國齊王，想攀個金枝玉葉，結成親家也好鞏固國勢，就為自己的急太子說親，禮聘齊國公主宣姜，送聘禮的使臣完成使命之後回來，口中不斷誇讚的太子妃如何美貌，老色鬼衛宣公為向強齊拍馬屁，在國都的淇水河畔先造了一座華麗的宮殿，當作未來太子妃的住宅，命名為「新台」。

　　老色鬼暗懷鬼胎，派太子出使宋國，那邊經常有戰亂，看看他會不會死在亂宋。急太子前腳才走，老色鬼後腳馬上派人迎娶齊公主宣姜，直接迎到新台宮殿，當然事後老色鬼對待年青貌美的宣姜極力討好，齊國公主吃了暗虧，也只有認命下來，為老色鬼生下二個兒子：衛壽、衛翔。

　　年紀漸長之後，宣姜考慮到不久將會守寡的現實，當然希望由自己生的兒子接掌王位，她把這個意願向老宣公表達，老傢伙也遵命行事，就讓急太子自然死亡吧！

　　好機會來臨了！宣姜的祖國齊王要攻打山東壽光的紀國，邀請小衛共同分擔兵力，這麼好的機會豈可錯過？父王立即派遣急太子去幫助既是盟國又是親家的齊君，暗中在路上埋伏，偽裝成強盜，看到淇水船上懸掛封國使節的標誌白色牛尾巴的那艘船，就是太子的船，殺死太子後，憑牛尾巴為證物才能領賞。

　　事機不密，老宣公和宣姜在臥室裡策劃妙計之時，以為小孩子聽不懂，不忌諱在二個兒子面前談論「謀殺親生兒子」的歹事，已經懂事的衛壽平素與兄長感情很好，知道大難臨頭，趕快跑去通風報信，但憨厚老實的急太子不相信自己慈

愛和藹的老爹會有這種歹念！說什麼都不相信。無奈之下衛壽另出妙計，設宴爲兄長餞行，宴中把兄長迷昏，自己拿了使節信物牛尾巴走了。登上了戰船，提早啓程，他留下一張紙條：「請快點逃命，我已代替你去了！」

衛壽登上戰船，特意把白色牛尾巴插在明顯之處，就等強盜來抓人，當然被攔劫之後，衛壽閉口不語，匪人沒有懷疑的時間，馬上動手行凶。

急太子幾個時辰之後醒來，弄不清怎麼回事，看到紙條，緩緩想起之前弟弟對他說的事，他心中大驚，原本還半信半疑的，現在卻爲年幼的弟弟擔心，也趕快登上船，尋找前面被攔劫的船隻，他向亂成一團的官兵與強盜表白身份，說強盜殺錯人了，他才是衛急子，匪徒們誤殺了衛壽。如此一表白，爲了得賞金，假強盜們仍然要執行任務，又殺了正牌的衛急子，如此交差了事。

這件連殺二皇子的事發生在西元前七○一年，令人感嘆的是：「虎毒不食子」，但人不如虎，親生父親要殺親生兒子！令人更敬佩的是：有如此的兄弟情誼，弟弟願意代替兄長赴死，兄長不願自己逃命，寧願陪弟弟一起就死！爲何如此狠毒的父母會生出如此有情有義的兒子？

不知衛宣公在一天之內喪失二個兒子之後，心中會不會想到：「顧此而失彼，終將兩喪亡！」他是否會心疼？

小衛雖然國勢衰微，但它存續的很長久，從春秋到戰國，一共延續有三七三年，比齊呀、魏呀、燕、趙、韓都要長命！出名的商鞅就是衛國人。了解小衛的歷史背景之後，

再讀莊子的故事就可以更加深入體會了。

　　魯國賢人顏闔受聘爲衛靈公的太子傅，他先向衛國的一位大夫蘧伯玉請教經驗：

　　「有個人呀，天性不好，我若不糾正他，將來他一定禍國殃民；我若糾正他，我自己一定活不成。這個人的聰明才知足夠挑剔別人的毛病，可是看不到自己的過錯。跟這種人相處，我該怎麼辦？」

　　蘧伯玉當然知道他在講誰，也不點破，告訴他：

　　「你的問題問的好！只要你謹愼小心應付就行了！你自己本身先要站得穩、行得正。在言語行爲上可以遷就些，內心呢，要存有中和包容之意。可是這樣還是會出毛病。你太遷就他，要小心陷入被他操控，你太包容他，就要小心他會出軌，胡作非爲。在言行舉止上太遷就他，將來一定會顛滅崩蹶；你內心太寬大包容他，將來他一定離經叛道、爭名奪利、爲非作歹。如果他很幼稚無知，你不妨就跟他一樣幼稚無知；要是沒分寸，你就跟他一樣沒分寸；再要是放浪不拘禮教，你就跟他一樣浪蕩不拘禮教。這樣就能通達而找不到毛病了！

　　你知不知道螳螂？在路上碰到一輛車，會很有勇氣地伸出雙臂來阻擋車輪通過，卻不知道車輪子足以輾死它！螳螂的心志很大，卻不知天高地厚！你要謹愼小心哪！你若是觸犯一個自大狂，性命就危險了！

　　你曉得如何飼養老虎嗎？平常不能用活生生的小動物給它吃，這是怕它養成怒氣而殺生。也不能拿死掉的全屍給

它吃，怕它有撕裂撲殺的習性，它的飢飽都有定時，這樣就
不會亂發怒。老虎雖然與人類有異，但是和飼養它的主人相
處的很好，它有乖順的一面，若是犯了它的性子，還是會殺
人的！

　　有的人比較疼愛馬，用編織精細的竹籮筐去裝它的糞
便，以海中的大蛤蜊蚌殼盛它的尿溺，平常把它疼惜寶具的
不得了，餵它吃昂貴的燕麥，可是一旦有隻小蚊子牛蠅在它
身上揮之不去時，它馬上發脾氣，把口勒咬碎，配彎扯斷，
怒氣大的很！我們要小心！你再注意再關心，有時候也有疏
忽的時候！你再怎麼樣付出，也有可能對方不領情！所以要
謹慎喲！」

——人間世

　　莊子一連用了三個比方，螳螂、老虎、馬脾氣。這位太
子的德性看來很可怕，當他的太子傅小心要被殺頭的。以教
育心理學來看，我們會研究這位貴公子究竟是遺傳的天性不
好？還是生長的環境不佳？

　　從戰國時代的複雜混亂來看，從好色陰險的新台醜聞來
看，這位太子如此「德性天殺」，唉！其來有自哩！

第9則　怕被偷

　　漁人把舟子藏在低窪的水坑中，怕被人偷；把漁網收藏在水澤草叢裡，以為如此就不被人順手牽羊了。然而在三更半夜還是被有本事的偷走，漁人自己睡的安穩，渾然不知呢！

　　把小東西藏在大容器裡，雖然很適當，但仍然不保險。乾脆把天下之物藏在天下之內，如此不必擔心失去它。這才是看透物質的實相。

　　人類身處世間萬物之中，自以為身份尊貴，總認為人是萬物之靈，殊不知人身人形只是萬化循環中的一小節，萬化無始又無終，它的快樂算的清楚嗎？何必只以獲得人身為至大之樂呢？

　　聖人看透了萬化之無始無終，所以希望遊於萬物不消不亡的領域，與道偕存。善生善始、善老善終，這是人們衷心所願的。既然重視生死，那麼更應該重視萬物所依恃的源頭，大化流行所依賴的天道啊！

　　　　　　　　　　　　　　　　　　　——大宗師

　　這段文字比較硬澀，莊子常愛用「物」這個字指稱廣大對象，不一定指物質，有時候指抽象的思想觀念，也有時候指天地間的一切，這種用法很像印度人的「法」，是個廣義詞，什麼都是，無論具體的或者抽象的。

　　另一個特色是：莊子認爲天地間有個造物主，他會安排大化流行，也會形塑各種生物，人只是萬化之一，承受人形，有本質之性，也有先天的命運，在「大宗師」裡面至少提到二次：第二節説：「特犯人之形而猶喜之」，第五節説：「今一犯人之形，而曰『人耳！人耳！』夫造化者必以爲不祥之人…。」在文中的「犯」字解釋爲「承受」比較恰當，人靈承受了人形，而沾沾自喜！

　　有沒有造物主？這是形上學的問題，或許我們在人生哲學的部份再來探討它。

　　莊子在此段文字中提示：把天下之物藏在天下之中，就永遠不怕被偷了！這種無邊無界的超越想法，正是打破了一切界線，抽離了自己，跳脱出局限，這是禪的精神。

第10則　多此一舉

狂接輿問肩吾：「日中始是怎麼告訴你的？」

肩吾說：「他告訴我：當君王的只要一頒佈他所制定的法規儀則，老百姓通通接受教化，誰敢不聽呀？」

狂接輿不屑的反駁：「這個偽君子！如此治理天下，就好像在海裡開鑿河道，叫蚊子來背山一樣！哼！真正的聖人之治，難道只管表面？主要的是先自正其身，以身作則，再分派各個盡忠職守的屬下就行了。百姓何需外在法規來教化呢？他們難道不會自理嗎？鳥兒都知道飛高一些以躲避地上的飛箭繩，土撥鼠也曉得在神壇地下做窩，以躲避人們在洞口用煙薰它。萬物生靈為了求生，都懂得自保之道，何況是人類呢？還需要那些多餘的法規教化嗎？真是多此一舉！」

——應帝王

第 11 則　多餘的第六指

　　足部的大指與第二指連生在一起，叫駢拇。

　　手上多生一隻小指，叫枝指。

　　無論手或腳，多生一指或聯生合長，這出乎生理本性嗎？實無作用，是多餘之物。

　　脖子上的附贅懸疣是生理本然發生的嗎？它也一無好處。

　　那麼忠孝仁義對人性而言不也太多事了嗎？它不是出自天然之道的本源，一無是處。

　　駢拇對腳來講，是相連二指的一片無用之肉。

　　歧枝對手來說，是多生出的一指，沒有功能作用。

　　仁義忠恕的行為對於人性天然來講，也是太過聰明的賣弄。

　　天地之間有至正之道，不會違反性命真情。

　　真正的聯合不是駢拇並生，

　　真正的歧出不是枝指第六，

　　長的不嫌過長。短的不嫌過短。

　　就像水鴨子的腳雖短，硬要把它加長就弄巧成拙。

　　白鶴的雙足很纖長，站立在水中卻很自在，硬要把它修短就悲哀了！

　　本性是長的，不必截斷；本性短的，也不要胡亂接續，這樣就無憂慮了。

　　仁義道德是出乎本然天性呢？還是人爲刻意造作？爲何那些自命仁義君子的人何其多憂多慮多煩惱呢？

　　仁義道德對於人的本性而言，不正像駢拇枝指一般，多餘又無用嗎？

——駢拇

　　莊子在生活中觀察到各種人物與動物，算不清到底出現多少動物？人物中有文人雅士、販夫走卒、殘廢、醜八怪，現還提到大脖子和手指腳趾畸型的人。

　　他從手指岐出和足趾連生，聯想到道德對於人性的多餘，這是聯想，是妙喻，也是適當的類比思考。

第12則　半斤八兩

　　春秋時代有位傳奇人物是大盜柳下跖，手下有九千人，所以人稱「盜跖」。他的名聲與事蹟頗像西方傳說中的綠林大盜羅賓漢，膾炙人口，一直與堯舜史跡相並行，流傳不息。提到這位大盜的古籍很多，像「孟子」、「荀子」、「呂氏春秋」都有記載。這位強盜還不是普通的盜匪之流，而是有著奇特思想智慧的怪胎，他認爲：堯有不慈之名、舜有不孝之行、禹有淫湎之意、湯武有放殺之事；春秋五霸宋襄公、齊桓公、晉文公、秦穆公、楚莊王都有暴亂之謀，卻受世人稱譽，假藉仁義之詞，行不道德之實。所以這位大盜在臨終之時手中握著一隻金鎯頭，交待一定要陪葬此物，理由是：他要到地府找六王五霸，以金鎯頭敲碎他們的腦袋。

　　舜登上王位以後，刻意標榜仁義來阻撓天下。百姓莫不奔命於仁義道德之行，這不是以仁義來改變天然本性嗎？從堯、舜、禹三代以下，世風就變壞了，天下人莫不以外在事物改變了純樸的天性。凡夫小人爲利殉身，知識份子爲名殉身。當官的爲國家殉身，聖人爲天下而殉身。這些人所做的事不一樣，標榜追逐的東西也不同，但都同樣的傷害天性，以身殉物。名異實同。

　　男僕人和小童工二人去牧羊，二個人都把羊群搞丟了。問他們爲何沒把羊看好？男僕人理直氣壯的說：他認眞看書，不留神之下，羊全跑光了。小童工嚅嚅膽怯地說：他跟

別人玩擲骰子，玩的忘了羊，結果羊不見了。這二個人一個認真看書，一個在玩，都未盡職責把羊看好，所犯的錯是一樣嚴重的。

　　高潔之士伯夷在首陽山為了保持名聲而餓死，盜跖為了財利在山東濟南的東陵山上被殺，這二個人赴死的動機不同，但一樣都是殘生傷性。

　　難道說伯夷的死有意義、有價值，盜跖的死是活該嗎？一樣都是犧牲，為仁義犧牲的就有君子的美稱，為財貨犧牲的就落得個小人罵名。明明都是自找死路，怎麼會有君子與小人的差別？若以殘生損性的角度來看，盜跖與伯夷沒有兩樣，何必在這當中分別君子小人呢？

——駢拇

　　伯夷叔齊二人不食周粟，餓死首陽山，這是儒家一直稱揚的高行義節，鼓勵人要有骨氣、要「死忠」、要效忠荒唐的昏君，所以明朝遺老不肯為清廷做事，這一定有些影響。

　　不過在二十世紀以後，情況改變的很快，崇洋媚外的極多，歸化外國籍、移民海外、當二等公民，政黨政治也不惜叛黨，食此黨之粟而為彼黨工作，腳踏兩隻船的人多的是！何者是？何者非耶？一場污七八糟的官場現形記！

第13則　伯樂治馬

馬有幾項特質：馬蹄會踏霜雪，長長的馬毛能禦風寒。食草、飲水，後腳站穩時可以聳翹前足，這些都是馬真實特性。就算是有華麗的高檯大殿，馬兒也是用不上。

秦穆公時有一位識馬人，名叫孫陽，字伯樂，他常沾沾自喜的向人表示：「我善長治馬！」對馬匹首先用熱鐵燒之，剪除雜毛，在馬蹄上刻削，烙上馬印，拴上絡首，編木片為槽櫪，如此下來馬兒死掉十分之二、三。

接著訓練馬匹：有時故意讓它挨餓，不給它水喝，讓騎師乘它快速飛奔，或者急速跳躍，訓練馬隊整體有秩序、有規矩，前首加裝飾的皮帶鈴鐺，後面加鞭策，使它不得不聽話，如此下來馬匹又被活活整死過半了。

陶土師說：「我擅長製粘土，捏成陶器，做出來的成品渾圓的中規、方正的中矩，無一不盡善盡美！」

木匠說：「我擅長木工，能讓木料彎曲的中鉤，讓木料筆直者應繩。」

唉！陶土有土壤的本質，木材有木料的特性，它們豈是生來要被中規中矩、合於鉤繩的？

後世子孫不悟此理，也迷迷糊糊的跟著人說：「伯樂善治馬、陶匠善治埴木！」這與治理天下的過失是一樣的！

　　　　　　　　　　　　　　　　　　——馬蹄

它的效果是以訛傳訛。

　　以人為的做法加在天然之物上，前面寓言篇所說的為渾沌開七竅，開了七竅之後，一竅都不存了，死了！

　　莊子以含蓄的治馬、治陶、治木，來諷喻政治，只要是人為的添加任何事物，都是喪失了天然本性，這樣的諷喻，豈不比選戰之前的潑婦罵街、按鈴申告要來的斯文、優雅、又有教養嗎？

第 *14* 則　保險箱

　　如果爲防範宵小之輩來竊取財物，最好的方法是多上機關、多綁繩結，重重閉鎖在櫃箱之中。這是一般人都如此做的。但萬一來的是個犯罪集團，他們人手充份，扛起了箱櫃就走，還惟恐保險箱鎖得不夠牢固呢！這種世俗的小聰明，恰好幫助大盜賊犯案作業。所以說世俗小聰明只是替大盜賊貯積財物。所謂聖人只不過是在替大盜賊看守倉庫。此話怎說呢？

　　以前在齊國，鄰里相望，彼此之間可以聽得到雞犬之聲，江河裡有漁人下網捕撈，田地間農夫犁鋤不斷，周圍二千多平方里的面積，四境之內有家廟、宗族祠堂、土地廟、皇天、后土、五穀神廟，無論是祭祀事儀，或是管理百姓邑州鄉閭，無一不是遵守聖人所教示的法規。然而出現了田成子，殺齊君又盜其國，他所盜取的不只是國家，連聖人的法制也一塊兒偷走。所以說大夫田成子其實是盜賊，偏偏當時是承平時代，小國不敢說他錯，大不敢誅除他，他就在齊國享有專制的實權。這不就是竊取國家，假藉聖知之法來幫他完成盜匪事業嗎？

— 胠篋

　　莊子把權謀之臣諷喻爲盜賊，生活當中被捉的賊人人喊打，惡名昭彰，但一樣是大盜的政客爲何不被舉發？他不但

偷取政權，連整個思想觀念都加以改造，使黑的變成白的，積非成是。

　　察看歷史，我們來了解田成子是何許人物？

　　田成子是田恒，或陳恒，是田齊太公的祖父，也是英明的戰國七雄之一齊威王的高祖父。田和被周安王正式封為「齊太公」是西元前三八六年的事，因此推測齊太公的祖父田恒應該是西元前第六世紀的人。

　　齊國境內有好幾家貴族：高氏、周氏、崔氏、慶氏、樂氏、鮑氏、田氏，這七家裡面六家衰落，只有田氏宗族強盛，具有人望。在田成子的時候，齊悼公被臣子所弒，齊簡公即位，田成子殺了這位齊簡公，但沒有篡位，而是改立簡公之弟平公即位，平公之後還有康公，康公在位至少十九年，後來死在海上。

　　田成子為何要殺齊簡公？事因不明。不過事後田成子極力彌補過失，他擔心其他諸侯對他興師問罪，所以自動歸還魯國、衛國的地，向魯衛二國修好，代表過去的齊國向鄰居賠罪道歉。魯衛突然得到失土，喜出望外，對田成子感激都來不及，豈會挖他的瘡疤呢？田成子這麼做也不損失什麼！反正是慷他人之慨！

　　韓趙魏三家分晉是西元前四〇三年的事，田成子心裡羨慕這三家的大膽作為，趕快向這犯罪的新三王示好，表明自己支持讚同的態度。當然，骨子裡是同聲共氣，他們的作為是「大哥不說二哥」，半斤八兩。

　　接下來再向南通使吳、越，發展玲瓏八方的交際手腕，

如此外邦諸侯沒有人指責他弒君害主。

　　對內呢？他修功行賞，示惠於百姓，使鄉邑政治清明、安居樂業，政權相當穩固，百姓只要有安穩的日子過，只要不挨餓，不鬧飢荒天災，誰當天子都一樣！人類是很善忘的！

　　田成子為何要殺齊君，原因真的很曖昧，他並不急著自己當王，只要能掌握實權即可，看來他很沈的住氣，在他的兒子田盤接掌權勢時，才盡封所有兄弟宗族為齊都邑大夫。看來田成子時代按兵不動，並未馬上篡位，所以莊子在文章中說他：「有盜賊之名，身處堯舜之安，小國不敢非，大國不敢誅…。」用政治學的眼光來看，田成子是一位長袖善舞的人才，安邦樂民，若說他是假聖知之法而行盜賊之實，郤未擾天下百姓，萬物亦因此得披恩澤，不知是功？還是過呢？

第15則　盜亦有道

大盜柳跖的徒弟問他：「強盜也有道嗎？」

強盜祖師爺說：「當然有啊！你看：能預先猜測哪一戶人家的哪間屋子裡藏有財物，這是聖智！膽敢率先進入屋內動手，這是勇。落在後方掩護，讓別人先逃走，這是義氣。知道案件能不能為，這是聰明。分贓要分的平均，大家都服氣，這是仁。要成為一個強盜頭兒，至少要具備這五個條件，這就是咱們的道！」

由此看來，一位善人沒有聖智之道是成就不了善行的。盜跖不具備聖人之道也無法率領九千名部眾。天下的善人太少，不善的人多。聖人有利於天下的時機很少，危害天下的地方比較多。

——胠篋

在莊子眼中，對聖人的評價是負面的，對大盜頭兒的欣賞倒是處處可見。莊子的個性似乎有些喜歡唱反調，對古往今來的三王五帝不屑一顧，對正統學術界讚許的聖人也頗多微辭。

第 16 則　東施效顰

　　真正道的流傳是無形跡、無固定方式的，這種超越形式的傳衍才能應化萬物，永不窮盡。

　　你們見過抽水機嗎？人若牽引抽動槓桿，它的另一端出口就低俯下去，放鬆槓桿，它就提仰起來，一抽一動之間，把水吸取上來了。這個抽水機被人所引用，不是引人去用，所以它的一俯一仰不會得罪人。

　　三皇五帝所制定的禮義法則並不注重形式，而是注重實用，可以把三皇五帝的禮義法則譬喻作柑橘梨柚，這些水果種類不同，但每一種各有其特別的口味，都很好吃。禮義法規是要應時而變的，不同的社會環境要有不同的制度，今天若是再拿周公的衣服來給猴子穿，一定會被猴子撕裂！誰說一定要用周公的衣服呢？古今的差異，正像猴子與周公的不同！

　　西施有胃病，經常以雙手撫著胸口，皺著眉頭。她的鄰居有一位醜八怪，見到西施捧心的弱不禁風模樣，覺得特別優雅美麗，也經常學她皺起雙眉，雙手捧心，讓大家注意到她！結果呢？街坊鄰居的有錢人趕緊關閉大門，不敢外出。窮人家見了，趕快拉著妻子走避，生怕妻子有樣學樣！東施效顰卻不知為何皺眉很美！

　　執意模仿三皇五帝，豈非他是東施效顰？

　　　　　　　　　　　　　　　　　　——天運

　　此段文章莊子用了二個譬喻，一味仿古，就像猴子穿周公的衣服，弄的四不像！

　　禮義法度必須應時而變，現代法律學者也都認清了這一點，基本憲法的精神只要合乎人性，維護人權，保障人身自由安全的，這些不會改變，其他細節必須因時因地而做修正。有時為了自由理念更有擴張之舉，如隱私權或言論自由權、專利權、科學證據法、醫學技術 DNA 比對…。

　　莊子的應時而變的看法很合乎實際，中國民族性的確太食古不化，似乎越古老的越好，其實應該是「擇善而固執」，不是「擇古而固執」。

　　「無方之傳，應物不窮。」這是超越形式的心法，無門為法門，真正的大化流行是無形無相的，日夜相繼，從來未曾停息過，這正是無方之傳，應物而不窮！

第 17 則　三皇五帝非聖人

　　莊子借用老聃的口，對儒家大弟子端木賜說出如此一大段話：

　　黃帝治理天下，使百姓心性淳然專一，老百姓若遭逢親喪，心中超然，不悲泣，鄰居也不會見怪的責備他。

　　唐堯治理天下，使百姓相親相愛，如此就有了親疏等級的差別距離，若有先後緩急之舉，鄰居也無從責怪。

　　虞舜治理天下，使百姓有好強競爭之心，孕婦懷胎十月生下孩子，有五個月就會說話的，還不到週歲就會認人，於是就有短命夭折的現象了。

　　大禹治理天下，使民心善變，人人皆有私心，刻意加以造作，如此戰爭攻伐才能順利，殺盜匪不算殺人，自以為是，面對天下，所以令天下害怕驚悚，有了儒家仁義，才有墨家兼愛非攻的補救理論出現。

　　起先儒家墨家的作法還有一些合乎人倫道理，但現在卻形成固定的成見，你們有什麼話說？

　　我實在告訴你：三皇五帝的治理天下之術，名目上是稱『治理』，其實根本是在胡作非為。三皇的自以為是，上者掩蔽日月之光，下者乖離山川精華，中間破壞四時流行，他們自作聰明，為毒之害比蛇蠍禽獸更嚴重，不懂安定性命之情，還自以為是聖人！真真是可恥之極！

　　　　　　　　　　　　　　　　　　　　——天運

　　這段話是莊子完整地批評三皇政治的過失，在其他篇章中，只單獨提到黃帝，或者堯、舜，這一段一口氣評論四位。

　　他的譬喻不多，只說施政毒於蛇蠍之尾，這是明白的罵人，不像以往的含蓄褒貶。

第18則　自然與人為

河伯問大海神：「什麼是天生自然？什麼是人為造作？」

北海神回答：「牛、羊、馬的長相有四隻腳，有皮毛、有角、有尾巴，這是天生的自然現象；可是飼主在馬身上套馬鞍、上馬轡、絡馬首、烙馬蹄、上蹄鐵；給牛身上拴牛鼻、裝牛鈴鐺，這些就是人工造作。

所以說：真正崇尚天然性命的修道人，不要以人為破壞天生自然。不會故意違逆反抗命運。不會迷失在貪求名利中喪身失命。謹守自己淳真的本性，切勿迷失在外物紛擾中，這才叫返本歸真。」

——秋水

第19則　寧願當一隻活烏龜

中國人罵沒有骨氣的人叫：「縮頭烏龜」。

或者氣急敗壞之時，對惹你生氣的人罵：「龜兒子」！

輕蔑地稱呼妓院的老蒼頭為：「龜奴」。

潑婦罵老公時尖聲叫罵：「你隻王八烏龜！」

反正烏龜慢吞吞地在地上爬，有忍辱、負重之實，為何被用作罵人之詞有考究之必要！不過居然有人自願當烏龜，這就很特別了！

莊子在山東的濮水釣魚，南方的楚王派遣二位大夫代表楚王去見他，並表達聘請的意願：「希望拜託您為楚國效勞，不知先生意下如何？」

莊子不肯起身相揖，斜眼看了看這二人，繼續釣他的寶貝魚：「我聽說你們楚國擁有一隻神龜，已經死了三千年了，還被各朝代的君王以美麗絲巾覆蓋，盛在一只華麗的箱子中，供奉在廟堂之上。你們想：這隻神龜若有靈，它是願意被殺死而骨殼受人尊重供奉呢？還是寧可卑微地在污泥水中爬行？」

二位大夫異口同聲地答：「當然寧可活著，在爛泥當中爬！」

莊子笑著說：「這就是囉！我寧可在爛泥當中爬，也不想被宰殺了供奉在廟堂中。嘿嘿！你們請回去吧！」

——秋水

　　把自己比喻作一隻活烏龜，一定令二位大夫驚訝，但又十分清楚明白，令人易懂，二位大夫也知道卑微的活著比尊貴的死掉要有價值！

　　貴與賤，貧與富，是不斷的抉擇，不斷的追求。

　　人生的智慧不就在日常生活中表現出來嗎？

第20則 有品味的鳳凰

戰國時代韓、趙、魏三家分晉，西元前三八五年，魏武侯以武力搶奪了秦的河西之地，都於安邑，秦魏因此結仇。

三十年後，魏惠王的年代，秦伐魏，奪取少梁之地，年青的魏惠王採納龐涓的主意，發動侵略趙國邯鄲的戰爭，這次不討好，被齊國孫臏打敗，又被秦國商鞅奪走固陽一地。十年後，魏又主動發起侵略戰爭去攻韓，昔日不是韓、趙、魏三家分晉嗎？三家親如兄弟，共同向主公晉王造反，這三家卿又再窩裡反，魏的野心太大，不但攻趙又伐韓，在西元前三四〇年，商鞅率兵修理驕傲的魏國，這次魏惠王獻出他父親四十五年前從秦國搶來的河西地，接著把國都從安邑（安逸？）遷往大梁，所以魏惠王又被人稱作梁惠王。

孟子與梁惠王有精彩的對話，惠王問孟子對他有何利益？孟子回答：「王何必曰利？亦有仁義而已矣！」這段故事使得大家對梁惠王有深刻鮮明的印象。

惠施給梁惠王當宰相，猜想是在遷都之後，龐涓死了，太子魏申兵敗被俘而自殺，這些都是西元前三四〇年以後的事了。

惠施在梁惠王那兒當宰相。莊子正好在大梁，想去見見老朋友。

多疑的門下食客趕快向惠施打小報告：「小心哦！莊子這趟來大梁，可能是有目的喲！我們魏國這幾年正衰，說不

定他那張嘴向大王說說，你的宰相位子就保不住了！」惠施在一連串的國難之後，心驚肉跳的，連老朋友也不敢相信，派人在國內搜了三天三夜，想把莊子押解出境，別來攪局。

　　莊子很有膽氣的主動找上惠施，不客氣的告訴他：「南方有一種鳥，名叫鳳凰，你看見過沒有？鳳凰有一種特性，在它遠途飛翔，從南海飛向北海這麼長遠的行程中，它只棲息在梧桐樹上，別的樹它不停。吃的時候只吃竹子的花實，別的不吃。它只喝潔淨甘甜的泉水，其他的髒水不肯喝。偏偏所經之處，林間的貓頭鷹抓著個腐臭的老鼠不放，還膽心鳳凰來搶它的食物，看見鳳凰從高空飛過，竟然虛張聲勢的「嚇！嚇！」叫著，怕被搶走食物！嘿！你現在是以為我來跟你搶梁國嗎？我還看不上眼呢！」

──秋水

　　莊子自喻為高潔的鳳凰，不隨意棲身，不胡亂飲水，不食雜味，他是一隻非常有品味的鳥中鳳凰，才不屑一顧如臭腐鼠一般的政治呢！

　　前面他降身為卑賤的烏龜，現在搖身一變為高貴的鳳凰，以此明志，不也令人莞爾！真是大丈夫能屈能伸喲！

第21則　魚兒魚兒水中游

　　惠施和莊子二人在安徽鳳陽的濠水橋上玩，他們靠在橋柱畔，俯望水中游魚，空氣新鮮，視野遼闊、悠閒無事，人生如此歲月，還有什麼不滿足的！

　　莊子微微笑地說：「這些白魚出遊從容，真是魚兒的快樂呀！」

　　惠施心頭有事，沒有這份共鳴，故意唱反調：「你不是魚，安知魚很快樂？」

　　莊子也不甘示弱，頂了回去：「你又不是我，安知我不懂魚的快樂？」

　　惠施存心倔強到底，冷靜地推理：「我的確不是你，所以不知道你的感受；可是你也不是魚，照樣也不知道魚兒的感受。這二者是完全一樣的！」

　　莊子不服輸的說：「喂！請回到剛才的話題吧！你說：『汝安知魚之樂？』這麼說，表示你已經知道我知道魚之樂了，才要問我，哼！我是在濠水之上知道的！」

——秋水

　　若以邏輯推理來看，誰有理？

　　惠施是以類比推理，公平地說：主體無法知道客體，這是西方懷疑論的思考模式；我們無法得知客觀的外在事物，就算知道了也說不出來，即使說出來了別人也未必懂。像寓言篇中的輪扁對齊桓公說：他的製輪心得無法傳授給他兒

子，所以今人讀的書只不過是古人的糟粕。這就是懷疑立場的知識論觀點，我們的認識了解都局限於主觀的臆測，距離客觀事物真相永遠有一段距離。

懷疑主義與經驗主義二者親如兄弟，經驗永遠受到時間、空間的限制，永遠多變化。

莊子把問題引導向時間發生的先後秩序，以「何地」代替「何時」和「如何」，「汝安知魚之樂」是「如何」知道？莊子不談方法，郤假設為已經知道，已經在濠水之上看到且體會到了。這是轉移論點。

不過，快樂是一種心境，以邏輯推理來分析快樂的心情的確有些格格不入。

悠然神往的「擬人化」和「物化」在莊子來講是沒有隔礙的，莊周可以夢蝶，蝶也可以夢見莊周，寧願當一隻烏龜，在爛泥污水中爬行，化身游魚，悠然快樂的在水中游又有何困難呢？這不過是移情作用罷了！印度佛教也有「同體大悲」的感同身受，所以「人同魚心」、「人知魚樂」，也沒什麼大不了的！

第 22 則　慶祝解脫

　　莊周的妻子過世了，惠施聽到這個消息，很關心地跑來安慰他。沒料到這個妙人正在家裡半蹲半坐著，手裡一邊敲打樂器瓦缶，一邊口裡哼哼唱唱，神情自在！

　　惠施鬆了一口氣，看來老朋友還不至於遭受太大的打擊！但他也感到不解，問喪妻的莊子：

　　「你跟你的伴侶生活了一輩子，她為你生養孩子，老病而身死，算起來總有一些情份在吧！現在人死了，你不哭也就罷了！竟然還唱得出歌，一點兒也不哀傷，你這個人有違常情，不覺太過份了嗎？」

　　莊子稍停敲打樂器的節奏感，向好朋友述說自己的理念：「才不是你說的那樣呢！起先她死時我是很哀傷呀！後來仔細想一想：她起先也沒有生命，不但沒生命而且也無形體；不但無形體，也沒有氣息。在一片恍惚茫然之中忽然發生氣息，此氣變化承受了形體，形體變化接受了生命，生命變老又變死，這不就是天地之間春夏秋冬四時的運行變化嗎？現在她跨出了這間小房子，住在外面的大房子，以天地為寢室，安息宴然，永遠休息，有何不好呢？我何苦死守著屍體哀嚎地哭泣？這不通命理天性的，所以我才不哭哩！」說著又敲擊著瓦缶，高聲唱歌，而惠子也坐下來，體會這一番見解！

——至樂

　　死亡是人生的解脫，對於受婚姻束縛的人來講，配偶的死亡是自己的解脫。

　　日本婦女一向柔順服從，但在二十世紀的尾聲，隨著自由意志與女權伸張的影響，有不少銀髮族紛紛要求離婚，可能是嚐夠了飽以老拳的待遇，所以用離婚來爭取解脫。

　　莊子以四時運行譬喻人生，二者皆運轉不息。

　　人死了，不過是從小屋子搬遷到至大無極的大寢宮去，有何不好！如此灑脫！如此超然！正是莊子禪法的特色。

第23則　養鳥之道

　　有海上飛鳥降在魯國的郊外，魯侯把它抓來之後很疼愛它，特地爲它舉辦酒宴，演奏好聽的九韶之樂，在太廟中陳列豐盛的牛羊豕肉爲它的膳食。

　　這隻海中飛鴻被捕捉，嚇都嚇壞了，神情沮喪憂悽，不敢吃一塊肉，不敢飲一杯酒，三天就折磨死了。

　　魯侯不懂養鳥的方法，他以養自己的方式來對待鳥，而不以養鳥的方式對待鳥。該如何養鳥呢？該讓它們在深林中栖息，在水中沙地遊玩，浮之於江湖，吃呢鰍、小白魚，與其他的鳥兒成群結伴，相處自得其樂。它們不喜歡人的聲音，幹嘛要吵它們呢？竟然在廣大的漠野中演奏古代的咸池九韶音樂，再好聽的音樂鳥兒們會被驚嚇的飛走，野獸四處奔逃，魚兒沈入水底，只有人類聽到樂聲會越聚越多前來圍觀！

　　魚兒在水中活的很好，人在水中郤會淹死。這是稟賦的不同，不能強求。所以聖人不會要求每個人具有相同的才能，去做相同的事；每個人都不一樣，因材適性，不能強求。

——至樂

　　這一段是教育理論，也是爲政之道。

　　不同的人有不同的才幹，你能做的，別人未必能。你喜歡的，別人未必喜歡，若以己意強行示好，像那位魯侯御鳥一樣，就是拍錯了馬屁，表錯了情。

送禮也有技巧，要送對方喜歡的、適用的，若是值錢但方不喜歡，這種送禮只是徒然！

第 24 則　養生之道

周威公召見田開之。

威公問他：「聽說有一位修道人名叫祝腎，他專門修練養生之道，你跟他常在一起，也知道養生之道嗎？」

田開之謙虛的說：「我一向是在他家拿掃帚掃門庭的人，哪夠資格登登入室，聽他談論大道理呢？」

周威公不相信，說：「哎呀！你別客氣了！寡人想聽聽！」

田開之想了一下，才說：「夫子曾經說過：善於養生的人，就好像在牧羊，注意後頭，有落後的就要鞭策它。」

周威公好奇地又問：「此話怎說？」

田開之解釋：「舉個例子吧！魯國有個隱居者，平日住在高山巖石中，吸飲山澗泉水，不跟人往來，七十歲了還容貌青春，膚色如嬰孩般滑嫩，可是他身逢不幸，被山中的餓虎吃掉。這位隱士高人躲得掉人群，躲不掉老虎。另外魯國有一位謙恭之士，名叫張毅，平日和善待人，無論達官顯貴或者平民百姓，大家都與他相處的很好，可是他四十歲就得內熱病死掉了，他只懂得人緣，卻不懂得調身。前面的老人專修內道，卻被老虎吃掉外身；後面的中年人善於向外交際應酬，卻不懂得調養內疾，這二個都是顧前不顧後，所以死於非命。」

——達生

以牧羊譬喻養生，人生以何為「後」？似乎意猶未盡。

在山上隱居，修孤獨之道，不算養生。

在城市裡長袖善舞，卻因熱病而死，也不懂養生。

究竟什麼是養生之道呢？

鞭落後之羊，彷彿寓言篇中的牧馬童子說：「除去害馬！」意有所指，意猶未盡，留有大半發揮的空白，所以說莊子通禪。莊子甚懂文學藝術之美，這種留白，相當於印度般若思想的空境，令人神往！

第25則　鬥雞

有一個人懂得訓練鬥雞，他名叫紀渻子，為周宣王飼養鬥雞。養了十天，宣王來看看情況，問紀渻子：「鬥雞能上場了嗎？」

紀渻子回答：「還早呢，這些小公雞年青力盛，正處於虛矯恃氣的狀態，喜歡打架，才剛開始訓練哩！」

第二十天的時候，周宣王來看情形，紀渻子說：「還不到時候，現在它們一有動靜還是會有反應，仍然心浮氣燥！」

第三十天王又來觀察，紀渻子說：「還不行！現在這些公雞目光凶暴的很，氣勢依然旺盛！」

第四十天王又來看，紀渻子說：「差不多了！雖然有幾隻雞偶而鳴啼，但其他的不為所動，氣定神閒，安定穩重，外表看來凝然不動，沈穩內斂，精神飽滿，其他的雞都不敢來招惹，見了它反而閃避。現在可以上場了。」

　　　　　　　　　　　　　　　　　　──達生

原來鬥雞的歷史如此悠久，這位周宣王是西周的第十一位帝王，周幽王的父親，在位四十五年（西元前八二七～七八二年），從西元前九世紀到現在二十一世紀，唉呀！中國人鬥雞有三千年的歷史傳統喲！

不像馴馬那昂貴，海島南國，不易養馬，養鬥雞郤十分方便，我們取笑垂頭喪氣的男子「猶如鬥敗了的公雞」，這很有趣！除了鬥雞可以下注賭博之外，賽鴿也可以豪賭，不

過莊子似乎沒有談到如何養賽鴿，看來養鬥雞也頗有學問，可以用作修身養性。

第 26 則　不死之道

　　有一位修道人大公任與孔丘談論怕死的心情，他向孔丘介紹不死之道。

　　我們來研究一下不死之道吧！

　　東海有一種鳥，名叫意怠，形狀像燕子，但飛的不快，看起來很笨拙。它在鳥群當中不敢單飛，一定要與同伴聚在一起才敢飛，棲息時也一樣，一定要身體相碰觸，擠在一起休息。起飛時它不敢在前面領隊，但也不敢落在後面押隊，找到東西吃時它不敢先嚐，一定等別的鳥吃剩下來的，它才敢揀拾一些。這個不中用的意怠在鳥群行列中存活，團體不曾排斥它；外人打獵用彈弓射擊也傷害不了它。所以如此不中用的鳥兒卻始終不曾遇害，得免於患。

　　你看！樹木長的高大正直的一定先被伐取，因為特別成材嘛！井水甜的一定先被人貪婪飲用，乾竭的快，因為美味！如果你刻意要知多識廣，受到眾人景仰，一人修身加德就顯出別人的喪心敗德，行為言論都清高的如同日月一般，就難免要遭人白眼，被人留難了。

　　我曾聽一位修道有成的人說：『愛邀功的人其實沒有什麼實力，愛炫耀的人才華亦有限；這等人即使立有小功也維持不久，必然失墮，他的名氣短暫不能持久。』

　　誰才能捨棄功名還歸大眾呢？天道流行從不誇耀自讚，天德流暢也不好名，平淡淳如；佯狂安於平凡，削除形

跡、拋棄權勢，不求顯達。如此行徑既不得罪人也不責成人，當然別人不會觸惱他，更不譏諷他。如此接近天地不死之道啦！

——山木

　　莊子以笨鳥慢飛譬喻修道人明哲保身，這段故事其實是諷刺孔子一生政途波折，五次出入衛國，都不受重用，在宋國休息，宋司馬桓魋對孔丘懷恨在心，曾經孔子批評他築造大型石棺花了三年工夫，太過奢華，所以現在逮到機會，桓魋派人來把孔子與學生們正在遮蔭休息的大樹砍倒，不准他們在境內停留。楚昭王想聘請孔丘，但周邊的小國陳、蔡擔心害怕，從中作梗，半路攔截，把這一群人圍困在曠野之中，缺水沒糧的。最後楚國援兵來到，孔子得以脫困，也見到了楚昭王，但功虧一簣，還是有人在昭王面前反對，孔丘只有失望的離開，他第五次來到衛國，仍然一樣，他那一套：「必也正名乎！名不正，言不順！」嚇倒了衛出公，仍然當不成官。

　　莊子一書中不少篇幅在批評儒家思想，筆者不打算完全採用，只挑選一些比較有特色的玩味一番。

第 27 則　天性至情

孔子與子桑戶聊天，他感嘆的說：

「我這一生很波折，遭遇多次災難，被逐於魯、伐樹於宋、逍跡於衛、窮於商周、圍於陳蔡之間，發生這些事情後，親戚朋友都愈來愈疏遠，學生徒弟們也各自四散，這是為什麼呢？」

隱士子桑戶笑著為孔丘分析：

「你難道不曾聽說過嗎？有一位父親在逃難時，背著自己的小兒子，捨棄價值千金的珠寶璧玉，有人問他：『那麼值錢的璧玉，你竟然不要，背著這個小孩子逃命，你是為什麼呢？為了小子身上所穿的值錢布料嗎？小孩子身上的布料沒多少呀！璧玉和小孩子比起來，小孩是沈重的負擔，璧玉是值錢的寶物，也不累贅。你為何選擇這不值錢且又累贅的小孩子呢？』這位父親說：『親情比什麼東西都要更值錢，別人以利益為衡量，我卻以天生親情為考量。』

以利益物質來做判斷的人，在遭逢貧困禍害之時，必定以利益為考量，互相爭奪而拋棄對方。

若以親情友愛為著眼點的人，在遭逢禍害之際，一定會互相幫助。

這二者差別極大，君子之交淡如水，小人之交甜如蜜。不過君子之交雖然淡，卻淡的長遠；小人之交眼前甜蜜蜜，卻翻臉無情。這些人如果沒有什麼特殊原因相結合的話，當

然也沒有什麼特殊原因相離散了！」

——山木

　　這段故事以父子親情打比方，令人了解天生親情才濃厚可靠，不過整段故事並未深入分析，「無故以合者，無故以離。」無故意思何所指？

　　佛教以緣份來作說明，有緣份才聚合，緣份盡了才分離。緣份不一定是善的，也有可能是惡緣。

　　文中的逃難父親說：「彼以利合，此以天屬也。」用「天屬」二字也有中性意味，非善、非惡，父母親對待子女是天屬，有的慈愛、有的殘暴、有的慷慨付出、有的吝嗇刻薄，老子認為：因為先有不慈不孝，所以才要提倡父慈子孝。從當今社會現象來看老子之說實在符合這些亂相，並非偏激之辭。

　　這篇文章對於「天屬」、「無故」二個名詞欠缺解釋，令人懷疑是否為莊子的原作。

第28則　昏君亂臣

　　莊子穿著一件粗布大衣，上面有難看的補丁，腳上穿著草鞋，鞋子是以粗麻繩繫綁，如此來見魏王。

　　魏王久處華麗整潔的宮殿，現在眼前忽然出現不修邊幅的莊子，不禁很訝異的問：「先生你為何看來很疲累呀？」

　　莊子面對這位萬人之君，一點兒也不氣短，反而昂然地說：「我才不累呢！這是貧窮！不是疲累！士有道德卻無法施行才算疲累！我也只不過是穿破衣破鞋，窮歸窮，卻不是累！這是環境造成的，我所處的時機和社會環境不利於我。

　　王您難道沒見過猿猴攀爬嗎？它們如果在楠梓豫樟這種筆直的樹上，就能攀爬升越，打滾懸吊，在上面興采烈的，連射箭高手后羿、蓬蒙也拿它們莫可奈何！可是若遇到柘棘枳枸多刺的灌木，就只能危行側視，四肢顫抖，這不是它筋骨不柔軟，也不是被人綁住束縛，而是情況不利，處勢不便，沒有機會展示才能罷了！

　　現在我正遭逢昏君亂君臣之間，無法展露才華，要想不累，可能嗎？歷史上的比干被姪子商紂王剖開心肝就是一個明證！」

——山木

　　莊子把自己譬喻作猿猴，碰到荊棘灌木就束手無策了！表示他碰到昏君亂臣也一樣不能施展才華。

　　莊子很大膽，竟然敢對著魏王說：「今處昏上亂相之

間」，不知他指誰？文中的魏王猜想應該是魏惠王魏瑩，而魏惠王的年代正好是東周顯王的年代，莊子口中所說的「昏上亂相」是指誰呢？周顯王嗎？戰國當時的各國昏君嗎？還是此刻眼前面對面的人？很難說！也許只是杜撰！

懷才不遇的人往往個性有奇癖，不肯隨俗，不願同流合污，孔丘固然懷才不遇，莊子也是！二人言論不同，行徑卻差不多，都是濁流中的清流，雞群中的一隻白鶴！

第 29 則　不願當神

　　老聃的修道弟子中，有一位名叫庚桑楚的人特別有根器，學道獨得其師心法，成就不凡；他選擇定居在魯國北邊的畏壘山村，他用僕人很奇怪，如果聰明伶俐的他都不要，妻妾當中有誰比較有愛心的他反而冷淡對待，只留下一些憨厚肥胖的人與他居住在一起，用兩手粗糙、能幹做活的人為他做事。如此三年下來，畏壘地方得大豐收，居民相信這是受到庚桑子的全德恩澤，全村人都沾到他的恩惠，對他十分感佩，他們私下商量：「三年前庚桑子來的時候，我們就覺得他不是一個普通人，在這三年當中起先還不明顯，現在得大收成，家家富足，這一定是庚桑子給我們的福澤，他真是聖人啊！我們何不為他立個神主牌位，家家戶戶聚集起來共同向他表示感謝之意呢？」

　　庚桑楚聽到居民為他立神位，定期膜拜它，心中十分不悅，臉色愀然。弟子們奇怪，問他原因。

　　庚桑楚向弟子們說明自己的心中想法：「你們覺得我這種反應很奇怪嗎？你們看：春天時氣溫回升，百草自然生發，不必人力操心；秋天時五穀成熟，自自然然，這只不過是大自然的天道運行，不是春天與秋天的意思安排！我聽說修道有成的至人不過像普通人一樣，住在尋常的小屋子裡，百姓各自過生活，也不感覺怎麼樣！現在畏壘村的老百姓對我感激有加，想把我當作賢聖來祭拜謝恩，豈不成了我故意

標榜自我，引來這些榮耀？所以我感到慚愧，對不起老聃的教誨！」

　　弟子們聽了老師的心中感想，大家議論了一下，有人勸慰老師：「老師，您這麼想也不太妥當。你看：普通的水溝容不下海中的大魚迴旋身軀，但是泥鰍在水溝裡郤悠游自得。一般的山丘容不下特大號的巨獸藏身，但很適合狐狸在其中奔竄隱蔽。您對於畏壘村的居民正是適合！況且尊重賢能之人，感謝利益恩惠，這是人心正常的反應，自古以來，堯舜時代都是如此相傳，普天下之人都如此接受，何況是這個畏壘村莊呢！夫子！您就隨他們去吧！」

　　庚桑楚又皺起眉頭對學生們申述己意：

　　「孩子們！你們不懂修道人眞正的心態！越是體型巨大的動物一旦離開了它原來所在的深山，就難免遭到獵人所設的陷阱和網罢之患。大海中的吞舟之魚一旦游離了深海，擱淺在沙灘上，就會遭到飛蟲螞蟻的騷擾！所以鳥獸不嫌飛的太高太遠，魚鱉也不厭棄游的既深且沈。一個修道之人追求的是全形養生之道，他正是要隱藏其身，不厭深渺平凡呀！。」

　　你們崇尚堯舜嗎？這種人有什麼好稱揚的？他們提倡世智辯聰，效果相當於妄鑿垣牆來栽種一些不值錢的蓬蒿罷了！就像精美的編梳頭髮，繫上髮巾裝飾，或者精細的挑選米粒來燒飯，這都不是坦蕩的胸懷，這麼小家子氣要如何濟世呢？一旦標舉賢善，百姓就會互相傾軋；提倡聰明，百姓就會互相偷盜，這些作為實在不足以讓民心淳樸敦厚。百姓

只是喜歡私利，兒子殺害父親以謀得家產，臣子殺害君王以
搶奪權勢國土，白天裡偷竊；光天化日之下挖牆穿穴…。哎！
我告訴你們吧！大亂之本一定發生在堯舜之時，它的遺毒流
傳千世之後，千世之後一定會發生人與人相食的慘狀！

——庚桑楚

　　春秋時代的宋國處於晉楚二強之間，在八十年之間發生
四十次戰爭，確實有「易子而食，析骨而炊」的慘事發生！
衛國在八十六年之間，有八十次戰爭，這是西元前七世紀的
事！

　　中國人有「人死為神」的觀念，如果哪一位地方官對地
方百姓有恩，在他死後老百姓會湊錢為他建立祠廟，立神主
牌位，祭拜祈禱以紀念之，像關公、韓愈、岳飛、蘇軾、姜
子牙…。文中這位老聃徒弟庚桑子在百姓心目中視之如神，
不待他死掉就想先為他立祠崇拜以謝恩，這很有趣！也令人
想起毛澤東，他年青時貌如潘安，俊美不凡，當了毛主席後
每年生日不知是誰為他製作肖像徽章，每年數款，有的是普
通小型徽章，但有的居然大到如飯碗，吊掛一只金屬飯碗在
胸前，感覺如何？估算一下毛澤東的紀念肖像徽章，竟然有
一百多枚，大大小小、方圓三角形、正面側面、年青到老，
這不知是民眾百姓樂意愛戴？還是他自己有意深入民心？
反正確定的是：毛澤東絕不會是老聃的徒子徒孫！

第 30 則　鳥籠

　　一隻小麻雀出現在神箭手后羿的面前，鐵定逃不掉，這是神箭手的本事。把治理天下當作一隻鳥籠的話，麻雀還能逃到那裡去呢？所以商湯以廚司的工作籠絡了伊尹，使伊尹日後爲其臣相；秦穆公以五張黑羊皮贖回奴隸百里奚，使他忠心效勞。所以若非投其所好而能籠絡人心，是不可能的事。

——庚桑楚

　　此文很短，但牽涉到二個典故。原文也有疑義，感覺語意不詳，所謂「以天下爲之籠」，是指範圍之寬廣嗎？則與下文銜接不起來，只能把它當作政治企圖，如此下文中的二段歷史典故才合用。

　　先談庖人伊尹吧！他是河南陳留的有莘部落酋長，平日他做事很有原則，不隨意賞賜人，也不隨意貪圖別人。他曾經規勸過夏桀：「若不再收斂揀點，恐怕會亡國！」夏桀狂妄自大的說：「除非太陽亡了，我才會亡！」他對伊尹發怒，伊尹從夏都所在的河南逃亡向東南，當了天乙的廚司，曾經這位廚司向主人天乙談論自己的烹飪心得：做菜要懂得食客的口味喜好，每個人有些不同，酸甜苦辣鹹，各得其所，知己知彼，才能滿足每個人的嗜好。接著他又大膽的發揮烹飪哲學到政治領域，他說：治理天下也一樣，做爲天子的務必要深知民間疾苦，了解百姓最欠缺的是什麼，當政者與好廚司一樣，做出來的菜不但好吃，賞心悅目，而且對身體健康

有益，吃了不損傷五臟肺腑！如此一席話得到天乙的賞識，天乙即是日後革命成功的商湯，而這位廚司順理成章地當他的輔佐臣相，一共輔佐四代君王。這一段史實發生在西元前十八世紀，所以莊書說：「湯以庖人籠伊尹」，意謂商湯是獵人，以天下鳥籠網羅致伊尹廚司這位人才，伊尹有志為民先覺，這只天下鳥籠正是他心甘情願奉獻的對象，所以自動進入天下鳥籠裡去了。

另一位是五羖大夫百里奚。

在西元前六五九年時秦穆公登基，他與一水相隔的晉國互相通婚聯姻，娶了晉獻公的長女公主為妻，在晉國嫁出公主之時，準備了豐厚的嫁妝，其中包括一大批陪嫁過去的奴隸婢女。有一位奴隸心中感到屈辱，他不是普通百姓，而是出身虞國的大夫百里奚，這個虞國列等「公」位階，姓姬，此公國被晉所滅，大夫淪為階下囚，成為奴隸，現在有機會逃離晉國的控制，就在陪嫁的途中開溜，很不幸，逃到楚國，因為晉楚一向爭霸，所以楚國人一見他是由晉國跑來，把他當作奸細，又停虜了起來，再度成為楚人的奴隸。

秦穆公聽到了晉國這一位奴隸的不幸遭遇，想羅致人才，但又不敢打草驚蛇，萬一被楚莊王知道這位奴隸其實是個人才的話，一定會和他搶，搶不成會被殺，所以派人裝作普通商家，出五隻黑羊皮的代價換取這位百里奚奴隸，一位男子漢大丈夫只值得五張黑羊皮的身價！

秦穆公與百里奚相談之後，重用他，請他主持國政，百里奚又向他推荐了流亡各地的老朋友，有宋國的蹇叔、西戎

的由余、晉國的丕豹、公孫支⋯。秦國在這些人的幫助下向東方獲得不少利益，向西方大破西戎，滅國十二，開地千里，使秦穆公成為春秋時期的一位霸主，一共吞併消滅了二十個小國。百里奚在當時被人戲稱作「五羖羊大夫」，即指這段流亡經歷。

第 31 則　天下烏鴉

閒來無事，莊子又取笑一本正經的老朋友惠施。

莊子說：「誤打誤中，卻自己炫耀很善射，那麼天下人都可以當神箭手后羿了！你說是嗎？」

惠施說：「可以吧！」

莊子又說：「反正天底下也沒有一個客觀公正的判斷標準，每個人都有他自己的一套道理，各自是其所是，非其非，所以人人都是聖人唐堯！這麼說可以吧？」

惠施也同意說：「行吧！」

莊子開始諷刺人了！他說：「那麼儒、墨、楊、公孫龍四家，和夫子您一共五家，究竟誰是誰非？再不然就像周朝時的修道人魯遽，他的弟子洋洋自得地說：『我能冬天取火、夏天造冰，已經得到了夫子之道！』魯遽不同意，他說：『你這種技巧只是以陽氣相召喚陽火，以陰氣相召喚陰水，凝聚成冰，這不是我的道法，我露一手給你看吧！』於是調整琴和瑟，一張放在客廳中，另一張安置在房間裡，魯遽在其中一張瑟上鼓動宮弦，另一間的宮弦也受振動，發出共鳴。他再敲擊角弦，另一張琴的角弦也同樣引動共鳴而發出音聲，二琴發出的音律完全相同，無人撥弄，卻有音聲傳出。或者他改調一支弦，把它拉緊一些，不再合於原來諧調的宮、商、角、徵、羽五個音階，此時再鼓動，二十五弦通通都顫動，彷有人在撥弄似的，其實只是受到共振而自動。它們的發聲

沒有不同，但尾音卻延長。你們五家學說是否也如此？只是
相互共鳴而已！其實本質沒有什麼不同。」

　　惠施不同意，他反駁說：「他們四家跟我辯論的話，也
不過是以言辭來相拂逆，以大小聲來壯氣勢，壓壓人而已，
對於我的思想內涵是無法抗衡的，我哪會跟他們相像近似
呢？」

　　莊子笑嘻嘻地取笑老朋友：「有個齊國人故意砍斷他兒
子的腳，送到宋國去當守門人，他對自己的親生兒子一點兒
也不疼惜，但對待他的寶貝長型鐘卻十分鍾愛，用布匹把它
一層一層包裹起來，生怕摔壞了鐘。這個齊國人後來想和失
去音訊的兒子聯絡，卻不肯離開齊境，這樣要如何互通音訊
呢？另外又有一個楚國人，他出外寄宿，卻和旅館的守門人
吵架，坐上舟船，三更半夜無人之時，又和划船的舟子互相
打鬥，他出門還沒多久就跟人結怨，真是腦袋不靈光哩！」

──徐無鬼

　　莊子暗批儒、墨、楊、朱和惠施五家學者，前者譬喻如
琴弦，大同小異，互相振動，發出共鳴而已；後面譬喻腦袋
闇昧，弄不清重點，抓不住要領。反正在莊子眼裡看來，自
稱是神箭手的人彼彼皆是，瞎貓撞到死老鼠，誤打誤中還要
自誇逞能！

　　戰國時代百家爭鳴，好處是奇說競起，壞處是：公說公
有理，婆說婆有理，人人各有一套說詞，無客觀公正的真理
標準，也沒有絕對不變的永恒真理，這與西方的「人人皆有

一把衡量的尺」真是相當！所以胡是胡非，隨便人亂扯錯道，反正只要你有三寸不爛之舌，是非對錯任你講！這也很自由民主呢！與二十一世紀的新聞自由、言論自由、性自主、咳藥成風、人妖反串秀、牛郎援助交際、網路交友、偷車取贖金…這種種的民主自由和戰國時代相比，不知何者更勝一籌？

第 32 則　槁木死灰

南伯子綦靠在茶几旁靜坐，一陣子之後，回神過來，仰天長噓了一口氣。學生顏成子這時才進入向老師問安，問老師說：「夫子！您眞神奇呀！您怎麼樣才使得身體容貌好像枯骨槁木，使心情意念像死灰一般沈寂呢？」

南伯子綦想了想說：「以前我曾住在天然的山洞中，特別選擇了人跡罕至的地方隱居起來修道，沒料到這麼一來反而使得齊國的太公田和來探訪我，接著消息傳開，齊國的民眾又來了三次對我祝賀。當時我想：一定是我先做了什麼事，才會讓別人知道。一定是我有東西可賣，別人才會出價來買。如果我沒做什麼特別的事，別人也不會知道。我要是沒東西可賣，那些人哪會來開口要買呢？所以我爲人的迷失逐物感到可悲！也爲這份悲情覺得可悲！更對這份悲人之悲感到可悲！於是一層又一層抽離，就心中不再附物，能夠心如死灰，形若槁木

了！」

──徐無鬼

文中的田和到山洞中去拜訪隱士南伯子綦，這位田和就是戰國時代「田氏篡齊」的主角齊太公田和，他在周安王時（西元前三九一年）

把他的國君齊康公趕到海邊，給一個小小的村莊作爲奉祀，五年之後，周安王封田和爲諸侯，即是田齊太公，英明

的齊威王是田和的孫子，齊國一共存續了一六五年，西元前二二一年被秦國所滅。

　　後人常用的成語「槁木死灰」語出於此，只是原文本作「槁骸死灰」，一字之差。

第 33 則　獨眼龍

缺牙遇到許由，問他：「你要去哪裡？」

許由說：「我要逃避唐堯。」

缺牙問：「什麼意思？」

許由解釋道：「唐堯喜愛提倡仁義，我擔心日後會被天下人譏笑。後世一定會發生人與人互相殺、互相吞食的慘境！老百姓並不難吸引，只要愛他就會來親近你，只要有利就會蜂擁而至；你想勸告他還得先給他戴個高帽子，要是令他反感就離散走避了。愛與利就是從仁義產生的，捨棄的人太少，取利於義的是大多數。仁義之行不但不是至誠，反而出自虛假，成為貪婪權勢的好工具。所以君王以他一人的專制武斷來利益天下，正像是一個獨眼龍，瞎了一隻眼睛，看事情只看到一半。唐堯只知道賢人之利於天下的一面，卻不知道有賊害天下的另一面。唉！唯有超越於賢者的人才能全面看清哩！」

——徐無鬼

第 34 則　豬身上的蝨子

有三種人：

第一種人沾沾自喜，得少爲足，只學一家之言就趕快開班授課，學一點兒皮毛就趕快四處獻寶，不明白一無所得的終究情懷，這種三個月就「出師」的人叫做「暖姝」。

第二種人是豬身上的蝨，爬到豬頭上方長毛的部位以爲來到了廣宮大園，爬到大腿間、深腹之處、兩乳、臍溝之處，自以爲是最安全有利之室，不會料到某一天屠夫宰殺了豬隻之後，挽起衣袖，地上舖草，點燃火把，一把火燒掉豬身上全部的黑毛，這洋洋自得正在度假的蝨子也和豬毛一起被燒焦，這種依附在別人身上的寄生蟲，與抬政治轎子相似，存則共存，亡則共亡，稱作「濡需」。

第三種人是自找苦吃的勞碌命，虞舜即是。羊肉是不喜歡螞蟻的，可是螞蟻卻喜歡羊肉，因爲羊肉有腥羶味兒。舜就是專做一些有腥羶味的行爲，所以招來百姓的喜愛，他帶著老百姓三次遷徙，從成都到河南南陽的廢墟曠野之處，三次下來聚積了十多萬戶人家。唐堯聽說地方上有一位如此大勢力的頭頭，馬上聘請他來相助，希望他能多爲天下萬民謀福利，施廣大恩澤。舜從曠野荒地裡被挑選出來受到重用，那時他已經很老了，腦筋不如過去靈光，齒牙也已掉落，還不得休息，這是他自找的，稱之爲「卷婁」。

修道有成的神人不會像前面三類人那樣喜好群衆，一大

堆人擠在一起就得不到安寧。不安寧就無利可言。所以修道人一向的態度不會太親近，也不太疏遠，心中抱德養和，順隨天下，這才是真正的道人！他不稀罕微少的螞蟻之知，愚蠢的羊群之意，只留些許魚兒的悠游自得。

以眼睛反觀己目，以耳朵反聽雙耳，以靜心反照內心。這樣情緒才能平靜無擾，順應內外一切變化。

古時候的真人以天性對待人，不以人為去破壞自然本性。

古時候的真人看得失是平等的，對待生死也是平等的，得之也生，得之也死。失之也生，失之也死。生死、得失，都是大自然的常態，不必夾雜著情緒在內。

——徐無鬼

自作聰明的人學了三個月古箏就開始收徒弟賺錢。練了三個月瑜伽術也趕快打廣告開班授課，看來第一種人「媛妹」還真多呢！其實這是急功近利的聰明心態，一則愛表現，二則圖利。

寄生在豬身上的蝨子這種人在政治圈彼彼皆是，找金主、找工商業界大佬來投資捐款，選上了，隨意修改法規、投資房地產、變更地目，好處撈不完。等著抬轎子的人多的是，抬的轎子由誰來坐並不重要，只要有錢可賺、有利可圖，一群蝨子自然擁現，這一段話莊子罵的極為生動，真是「臭罵」！不過這些蝨子並不以股間、腹下為污穢，他們當作是廣宮大圍，在其中逍遙快活呢！

至於第三種人嘛，莊子取笑舜的懇荒遷徙之舉都是帶有

腥羶味的行為，所以才會招引來十萬多戶喜愛腥羶味兒的螞蟻百姓，這種比喻也是妙喻，富有想像力與創造力，罵人要罵的如此神靈活現，還真的需要文學天份呢！

第35則　蝸牛角打架

　　魏惠王登基之後與齊威王會田於郊，這是西元前三五五年的事，彼時惠王年青氣盛，向英明幹練的齊威王炫耀財富，擁有明珠十顆，沒料到齊威王拉下臉，一本正經的告訴他：「齊國是以擁有良臣爲傲，能幹忠誠的屬下才是眞正值錢的珠寶！」

　　年青的惠王以爲二國可以建立盟約，享受百年太平，這在強大的齊國看來根本不當一回事，也不記得有過什麼盟約；對於剛上任的惠王而言，眞是天大的恥辱，所以想暗殺齊威王。

　　虎牙將軍公孫衍主張以二十萬軍攻打過去，把齊國打垮！另一位臣子季子主和，不希望戰爭毀掉國家基業。宮庭中有修道人華子，在一邊說風涼話：認爲主戰的、主和的都是搗亂的人，連他自己說閒話，也是搗亂。

　　惠施在魏惠王那兒當宰相，知道王正在爲要不要出兵攻打齊國而苦惱，就引見一位賢士戴晉人。

　　戴晉人告訴魏惠王：「你看過蝸牛嗎？」

　　惠王說：「當然啦！」

　　戴晉人緩緩道來：「蝸牛的左角有一個國家名叫觸惱，蝸牛的右角也有另一個國家叫做野蠻，這二個小國經常爲了爭地而戰，動則伏屍數萬人，向北方追逐十五日後才返回國。」

魏惠王不太相信，問他：「喂！你是說眞的？還是假的？」

戴晉人說：「臣請王上當作是眞的！您以為上、下、左、右四方有極限嗎？」

惠王沈吟了一下說：「無窮無盡呀！」

戴晉人說：「現在你體會一下：你的心思放大、放寬，游心於無窮無限之境，再置身於通達無礙之國，似有若無，你能體會嗎？」

惠王說：「嗯！可以想像！」

戴晉人引導王說：「這個擴大無邊的大國之中有一個國家叫魏國，魏國有都城叫做梁，在梁都中有大王您，王呀！您與蝸牛角上的觸惱氏、野蠻氏為了爭土地而大動干戈，有沒有差別？」

惠王自覺地承認：「無差別！」

戴晉人笑著說：「那就是了！」

這位賢士離去之後，惠王若有所失的說不出話

——則陽

惠王遷都大梁是西元前三四〇年的事，把二國交戰比喻作蝸牛角打架，顯得很無謂，也很可笑！只為了好面子就要置對方於死地，這種好面子的心態似乎是中國文化一項特徵。

第 36 則　農耕

　　長梧地方有一位看守封疆的老人對孔子的學生子牢說：「你在爲政時要注意不可魯莽，治理百姓不要輕舉妄動。我從前種田的時候就是魯莽的耕地，結果收成也只是魯莽的一點兒。後來我改變了方法，認眞的深耕其地，鋤草很勤快，那一年的稻禾就非常繁盛豐收，讓我一年都飽餐。」

　　莊子聽到這一番話，有感而發的說：

　　「現在人對於自己修身養性都背離自然，違反本性，馳逐外物而滅亡眞情。所以魯莽其本性的，有慾望的爲害，如田中雜草一般掩蓋住眞心。這些慾望爲惡很大，起先感覺很好，身體有受用，接著拔掉天眞本性，上潰下漏，內毒四處迸放，全身上下形成疥瘡癰疽，皮膚紅腫，流膿潰爛，內熱攻心，最終遺精亡身。」

——則陽

　　長梧封人以農耕之道譬喻爲政之道。

　　莊子舉一反三，以農耕之理譬喻修身養性之道。

第 37 則　釣大魚

任公子準備了一隻巨大黑繩索的鐵鉤，以五十隻閹牛當作魚餌，他蹲在浙江海岸上，把魚竿投向東海，每一天都去等待，一整年也沒消息。終於有一天，有一隻特大號的魚來吃他的餌，牽動了巨鉤，這下子釣魚竿被扯動陷沒而下，這隻大魚在東海中奔波擺鰭，翻動海水，白波高漲如山，四邊水花激蕩，發出鬼神般的怒吼，氣勢驚嚇千里！

終於任公子抓住了這條巨大海魚，把它開膛剖腹，用鹽醃漬，分給不相識的居民享用，從制河以東，廣西蒼梧山以北，所有人家莫不飽食魚肉。其他道聽塗說之輩在事後口耳相傳，爭相走告。大家都感覺很驚訝！

如果只是用普通的細繩子，一般的釣魚竿，在小溪畔垂釣，只能釣到小魚兒，不可能釣到大魚。

同樣的，一點點兒小聰明，憑著三言兩語想要當縣太爺，他也不必奢望有什麼大富、大貴、大發達！沒有聽過任公子的這段事跡，那麼見聞也不夠廣闊，距離經世濟民還差著遠　呢！

——外物

要釣大魚就要下大本錢。

在北濱公路的海岸常有許多釣客穿著塑膠褲站在海水岩石上垂釣，有的人願意「養魚」，準備一些餌料每天在某一定點撒下，讓魚兒養成定性覓食的習慣，釣魚的人就能每

釣必得。不過願意下本錢的人很少，反正台灣地小、人多，
魚兒越來越少，也越來越小隻。

　　做任何事眼光放得遠，投資下的大這就所謂的「格局大」
吧！這需要歷練、氣魄、胸襟、眼界、與規劃。

第 38 則　無用之用

惠施對莊子抱怨：「你專愛說一堆沒有用的廢話！」

莊子一本正經的反駁回去：「嘻！知道沒有用就可以開始談談什麼是有用啦！你看！天地如此廣大，人站立在其間也不過這一塊小小的土地罷了！現在我們把所在地之外的地都當作沒有用，把它廢棄掉，挖了土拋掉，一直把它深挖到黃泉，只留下自己腳底下的這有用的一小片地，你說行嗎？」

惠子說：「這一小片地一定會坍掉！」

莊子說：「這就是囉！有用與無用是附在一體的！別人的無用足以顯示自己的有用。如此看來無用也是一種有用呀！」

——外物

此段頗有禪意，有以明空，空以悟有，二者相生相成，這是看透物情的智慧，所以說：莊子通禪！

第 39 則　得意忘言

　　荃是捕魚用的竹簍子，用途在於抓魚，一旦捕抓到魚，就忘了竹筌的存在。

　　蹄是捕兔子的網，目的就是捕捉兔子，只要捉住了兔子，也忘記蹄的存在。

　　語言的作用是表達情意與思想，一旦懂得了旨意，也忘記了語言。我如何能遇到一個忘言之人與他對談傾訴呢？

——外物

　　這段文章非常出名，尤其常被禪宗人士所引用，在魏晉時期清談之風盛行，就是根據這一段文字的「得意忘言」而來，不過流傳到後代郤改變了一個字，成為「得意忘象」表示不拘泥外在形象，只要掌握內中精義即可！

第 40 則　三種劍

　　戰國時期的趙惠文王喜歡劍術，經常邀請劍士們來宮庭論劍，有時候聚集有三千人之多，日日夜夜就在宮廷前比武，每一年都要死傷個百來人，趙惠文王樂此不疲，如此三年下來，公帑浪費很多，國力也衰退，諸侯們不得不想辦法解決難題。

　　悝太子也爲此操心，向左右手問道：「誰要是能設法讓父王中止對於劍士的痴迷，我一定賞賜他千金！」底下的人想了一想說：「莊周一定有辦法！」

　　太子馬上派人送上千金給莊周。

　　但莊周不接受。他和使者一起入宮，晉見太子，問太子道：「太子殿下！你對我有何指教？爲何要賜我千金呢？」

　　太子很恭敬地回答：「聽說夫子您很智慧聖明，我誠心誠意的奉上千金給予您的隨從。夫子您若是不接受，我哪裡敢開口說話！」

　　莊子呵呵笑道：「聽說太子想要我去斷絕君王的特殊喜好，如果我無能，既不能令大王滿意，拂逆了王意，又不合太子之意，那我一定遭刑而死，要這筆錢有何用？若是我說的話合大王的意，也合太子的意，那我向趙國開口，還有什麼要不到的？」

　　太子點點頭說：「是啊！先生說的有理！我父王每天所見只有劍客，其他大臣一概不見，你要如何晉見他呢？」

莊子說：「那好辦！我也懂劍法，一定談的攏！」

太子搖搖頭說：「我父王所見的那些劍客，都是蓬頭亂鬚、帽子歪斜、腰上拴著麻繩、身穿短上衣、兩眼突睜、目露凶光、口出不遜、故意挑釁，越是粗魯無禮，父王越是喜歡！先生您這種斯文人打扮，一定不順利！」

莊子要求太子：「那麼你為我準備像樣的劍服吧！」

三天後，莊子穿上劍服，由太子引見，入王宮晉見趙惠文王。

趙王一見有人來到，立刻刀劍出鞘，以白刃比劃二下，等著莊子來試劍。

莊子故意慢吞吞地走上前，倨傲的看王二眼，不肯禮拜，也不作揖，更不開口打招呼。

王先開口了：「你打算教我什麼？還要太子來介紹？」

莊周回答：「臣聽說王上喜好劍術，所以以劍見王。」

王問：「你的劍術如何制敵？」

莊周說：「我的劍術能十步殺一人，千里之內無人敢留難我！」

趙惠文王聽了很羨慕，神情大悅的說：「喔！那你是天下無敵手囉？」

莊周繼續推銷自己：「我的劍法示人以虛招，開擊以銳利，比武時發動在人後，一旦出招郤比別人快迅。我可以露兩手讓你開開眼界！」

如醉如痴的趙王說：「不！不！不！夫子！您今天辛苦了！請先到貴賓室休息用餐，我會安排一場比武大會來請教

先生！」

　　接下來七天都在武術競賽，死傷了六十多人，挑選出勝利者五、六位，讓這些優秀者奉持劍在宮殿中等候，請莊子出來。

　　趙惠文王對莊子說：「先生！您今天可以和這些比較好的劍士們較量一下了。」

　　莊子說：「嗯！我等待了許久矣！」

　　王問：「先生！您所用的劍長短如何？」

　　莊子說：「我用什麼劍都行！不過我有三種劍，只有當君王的才能用，請讓我說完再比試。」

　　王很驚奇的問：「三種劍？呀！我很希望聽聽！」

　　莊周說：「我有天子之劍、諸侯之劍、和庶人之劍。」

　　王問：「天子之劍是什麼樣？」

　　莊子描述道：「天子之劍是以燕國谿谷、塞外石城為劍鋒，齊國泰山為劍刃，韓魏為劍脊，周宋為劍口，韓魏以為把柄，外面四夷包圍之，內層以四時裹之，以渤海環繞，繫上恒山的穗帶，用五行制住它，用刑德來對待它；開始時以陰陽之氣，持續以春夏，行之以秋冬。用這把劍可以直衝向前，舉之無上，按之無下，運轉之無旁，上可決浮雲，下可開地基，一用此劍必定匡正諸侯，天下歸心，如此正是天子之劍！」

　　趙惠文王臉色已變，眼光茫茫然，若有所失，又問：「諸侯之劍是什麼樣？」

　　莊子理直氣壯的侃侃而談：「諸侯之劍以聰明勇敢的人

為劍鋒，以清廉的大臣為劍刃，以賢良之人為劍脊，以忠聖之人為劍口，以豪傑英雄為把柄。這種劍也足以直之無前、舉之無上、按之無下、運之無旁。上者效法天圓而順從日月星辰，下者效地四方以順應春夏秋冬，中間調和民意以安定四邦；此劍一用，有雷霆霹靂之勢驚震四方，國內諸域無不賓服順從，完全俯伏聽命，此乃諸侯之劍！」

趙惠文王問：「庶人之劍是什麼樣？」

莊子指一指在殿中的六位劍士說：「這些就是庶人之劍！蓬頭、突鬢、下垂的帽子、拴著粗麻腰帶、身穿短衣、怒目圓睜、語多不遜、態度傲慢。彼此互相對決，上面斬腦袋，下面剖肝肺，這種庶人之劍等於在鬥雞！一旦命喪劍下，白白浪費，對於國家社稷毫無貢獻，他們的生命也不比鬥雞更值錢！大王您雖然擁有天子的身份，卻愛好庶人之劍，臣下實在為大王感到可惜！」

這段話令趙王感到慚愧，於是不再談比劍的事。

趙王牽著莊周的手進入殿內，中午廚司奉上美食餐飲，王吃不下，走來走去，看來看去，就是沒胃口。

莊子看在眼裡，安慰趙王說：「大王！您好好的安坐下來，平息中氣，我的劍事已經講完了！你可以舒一口氣了！」

於是文王有三個月不出宮殿，那些劍士閒著無事可做，顯的無用多餘。有些人氣死在當處呢！

——說劍

這則故事很難斷定真假。只能知道這位趙惠文王名字叫何，是趙武靈王的兒子，武靈王是個特別的君王，通常中原

人喜歡自誇中華文化廣大博深又優美，同化了外邦蠻夷各族，像匈奴人、姜人、北魏拓跋氏、或元人、蒙人、滿人、旗人‧‧‧等，都是外族歸化中原，衣漢衣、食漢食、文漢字、學漢俗，但這位趙武靈王剛好相反，他偏要胡服騎射，改變中原習慣，原因是：趙國地處北方，與狄人的疆域相鄰，他一共和白狄遺種的中山國打仗五次，以前的晉國對中山國用兵數十年都無法攻克，乾脆武靈王就學習遊牧民族的騎馬射箭本事，訓練士兵驍勇善戰，在武靈王即位的卅十九年（西元前三〇七年）下令軍隊一律胡服騎射，當然遭到許多心理上的阻力，但他堅持推行政策，使得中國由古代的車戰改變爲騎戰，這是軍事上的一大突破。

通常都是父王死了傳位給兒子，但武靈王並不如此好權，他在位二十七年之時傳位給幼子趙何，也就是本故事的主角趙惠文王，時爲西元前二九九年。

武靈王讓位給幼子當然引起長子趙章的不滿，起兵造反，父親在這一場戰亂中餓死，戰亂被新登基的惠文王弭平。

歷史上對於惠文王的記載最出名的是西元前二七九年的秦趙澠池之會，此會中秦昭王有意屈辱趙文王要他鼓瑟，文臣藺相如不干示弱，堅持要秦昭王擊缶。秦臣又故意攪局，要趙國獻出十五個城池爲秦王作壽，藺相如反應更快，要秦國送咸陽城爲趙王作壽，雙方搞的劍拔弩張，針鋒相對！

此外文王也有一位名將趙奢，曾經爲韓國受到秦軍偷襲時幫過大忙，這場閼與之戰完全以騎兵登山制勝，克服天險

與長途拔涉，文王封趙奢爲「馬服君」。究竟文王是否好劍如癡不得而知，反正趙國在武靈王和惠文王二代之間是很強盛的，武靈王當時在北方建置雁門、代郡、雲中、九原等郡，爲了防禦胡人南下，又從代郡到陰山之間築一道長城，這道長城今日仍然稱爲「趙武靈王的長城」。

第41則　逐影

　　孔子六十九歲時在某處森林間，與弟子們在一起，孔子鼓琴絃歌，學生們讀書，這時有一位漁夫划船過來，聽琴弦的樂聲，後來他和子貢、子路二人交談了幾句，知道孔丘是儒家學者，行仁義、飾禮樂、選人倫、忠君化民，希望有利於天下。

　　老漁夫說：「孔丘既非有國土的君王，也非侯王宰相，這種仁義之心恐怕自身難保，庸庸碌碌，不過白忙一場，苦心勞形，自損真性罷了！」

　　孔子一聽這些話，不但不生氣，反而覺得白髮的老漁夫是隱士高人，趕快向前追趕，向老人求教。

　　孔子面有愁容的嘆氣，再向老漁夫請問：

　　「丘再逐於魯，削跡於衛，伐樹於宋，圍於陳蔡。不知我到底錯在哪裡？為何會遭此四難？」

　　老漁夫搖頭嘆息說：

　　「你呀！真是沒藥救呀！有人害怕夜間的黑影子，想把它趕走，越走越快，但就是影不離身；他還以為不夠快，再拼命加速，疾走不休，終於絕力而死。其實只要待在陰暗處，影子自然會消失，只要靜止下來，足跡也就不見了，這不是很愚蠢嗎？你呀！始終在審察仁義名份、判斷是非同異、觀察動靜變化、調節取捨好惡、中和喜怒之情，所以不免災難。如果你能停止下來，不再逐影，謹慎的修身、守真，讓人與

物都回歸本然狀態，不要再去刻意追逐仁義道德，自然就能
脫累！唉！你自己不修自身，還要教別人修身，不是很外行
嗎？」

——漁父

　　莊子以自己追逐自己的影子為喻，永遠擺脫不掉困擾，
其實只要避開光源，處在陰暗處就解決問題了。意謂抓不住
問題的癥結所在，孔子的濟世利民抱負一大堆，偏偏不受人
採用，說他曲高和寡也行，說他好高騖遠、不切實際也行，
反正在仕途上沒成就，這在莊子散人的眼中看來，多少有些
興災樂禍，但也認真地指出儒家思想在內涵與形式上都有缺
失，莊子的論點也有其見地。

第42則　刑罰

刑罰有二大類：內刑與外刑。

外在的刑罰不外乎金屬刑具和木頭刑具。

金屬刑具像刀、鋸、斧、鉞之類。

木頭刑具有捶、楚、桎、梏、杖、夾等。

內在的刑罰是精神上與心靈上的悔恨、忌妒之類的心意煎熬與過錯不安。

小人遭遇外在刑罰的，以金屬木頭刑具侍候。

遭遇內在刑罰的，受到陰陽兩氣交錯，攻心憂慮而剝蝕打擊。

誰能免於內外二種刑罰呢？

只有修行的真人才能吧！

——列禦寇

夏篇譬喻只有選用了四十二則，並非莊書只有如此多譬喻，而是某些比較重要的主題運用譬喻的份量不多，所以放棄不用，這些文章將會在其他篇出現，出現之時同時以譬喻的手法表達，所以在分類上是重疊的。

秋篇・殘障與全德

莊子對於殘障的人頗有觀察，他的對象有些是天生畸形，有的是受到酷刑所致，反正莊子發現外表殘障的人內在德性可能很好，相反的，那些外貌堂堂的人有些可能離道甚遠，這才是天德缺陷的人渣。

本篇收羅的例子並不完全，有的在前篇中已談過就不必重複，像寓言中的駝背老人很擅長捉蟬，即把他歸類到春篇。

此處所收錄的九則殘障故事，八則出自內篇，一則出自雜篇，既然一般學者確認內七篇是莊子所作，那麼至少可以知道：莊子並不嫌棄這些外型怪異的人，反而心胸寬廣的包容一切事物，至少他做到了佛家的平等觀，平等對待一切人與物，不要小看平等心，它是由第七識末那識昇華而來，去除了自我的偏私成見，才能一無罣礙的流露出平等性智。莊子對於殘障人士的悲憫與親切，正是平等性智的表現。

第1則　天生如此

宋國人拜見他們的宰相右師，心中大吃一驚，暗自懷疑：「宰相怎麼只有一隻腳？是個殘廢！他是天生殘廢？還是後來遭到刑害的不幸？」

事後他回去又想一想，做出這個結論：「應該是天生的，

不是人為的。他天生註定就只有一隻腳，如果是相貌氣質的話還可以憑著修養變好或變壞，身體的特徵就不是憑己意所能為的，所以無論他是否遭刑，這仍然算是天生的命中註定，不是人為的！」

———養生主

一隻腳的人也能當宰相，不簡單！

無論先天殘障，還是後天遭刑，反正不會是自願的，既非自願的就是命中註定，當屬天生。

容貌氣質有好有壞、有清有濁，這可以憑個人的脾氣修養來塑造，這些屬於人為。

第 2 則　支離破碎也好命

有一個畸型的人，身體支離稀疏，奇形怪狀，他長的如此：臉頰隱藏在肚臍上，肩膀比頭還要高，他的髮髻朝天，五官附在髮髻上，大腿骨靠近胸前，可以當作兩脅用，這是一副被壓縮扭曲變型的奇特怪物，很難稱作是人形。

這個支離稀疏的怪物如何過日子呢？平常他會做針線，縫縫補補，也會洗衣服，用竹編的簸箕篩米去糠，如此可以養活一家十口。

有時也會碰上好運道：若是政府要徵召武士，這個支離稀疏閒來無事的捲袖露臂，精神振奮的穿梭其間；如果上面徵派工役，支離稀疏就可以因為常疾而免去苦差事。萬一上面偶而發放賑貧救濟金的時候，他還能領到三鍾粟米、十束柴薪，這無異於發了一筆小財！

哎！這麼一個支離其形的人尚且能夠養家活口，終享天年，那麼支離其德的人豈非福份更大哩！

——人間世

莊子此處的「支離其德」與後文的「天德」意思不同。

儒家提倡人倫道德。

莊子也談道、談德，但莊子的道是大自然的天道，莊子的德是無得之德。

此文的德是指一般世俗的人的倫理道德，所以才要｜支離其德」！回歸大自然才是天德，二種德意涵不同。

第 3 則 一隻腳的聖人

魯國有一位受刑被刖足的人，名叫王駘，身邊經常有大批學生跟隨，就像儒家孔丘一樣受到尊敬。

常季問孔子：「王駘是個被刖足的人，可是隨從他學習的人很多，與夫子您在魯國不相上下。他們跟我們不太一樣，站的時候不教示，坐下來也不議論，可是學生們去的時候什麼都不懂，回來的時候覺得滿載而歸。真有這種不言之教，在無形中潛移默化成功的事嗎？他是什麼人啊？」

仲尼向他介紹：「這位王駘夫子，可是一位聖人啦！成就非凡，我是比不上他的！像我這麼好學的人尚且想拜他為師，何況是一般人呢！不止在魯國，將來有機會，我還要向全天下的人介紹他！」

常季想了想，又問：「這個獨腳人，身形殘廢，名氣卻超過先生您，看來他的確不是普通人！不過究竟他的境界到達什麼程度！」

孔子說：「他的心境能夠看破生死，心情不受生死現象的影響。即使天崩地裂，移山倒海，他的定力沈穩，也面不改色，毫不驚慌。他已能了解超乎因緣相合的假相，形神不與世俗變遷，只是承順萬物自化，謹守內心不變的本真。」

常季聽不懂，又問：「這是什麼意思？」

仲尼向他舉例解釋：「從差異性來看，肝與膽性質、功能、作用各不相同，即使同在一個軀體之內，但他們的差異

性卻好像楚國和越地一般有距離。從相同點來看：萬物沒有差別，所有萬物都是一個整體！這樣一來，不會放縱耳目在聲色場合，而是遊心於德和之鄉。觀察事物只看到整個大局，不會計較小部份的得失。例如：看待他的失去一隻腳，也不過只是丟掉了一塊泥土。土塊回歸大地，砍掉的殘足成為大地的營養。」

常季逐漸感覺到這些說法不同於夫子平日所教他們的天下、國家、仁義、倫理的理念，他說：「王駘夫子比較偏重於為己，而不是為天下。他以明知掌握內心，再用內心尋得不變不遷的平常心，他最注重的要點是什麼？」

仲尼說：「人若要以水鑑照，是不會找流動的水，而是尋找一潭靜止不動的水面才能鑑照。真正的平靜在內心，只有心靜才能止於眾止，再受外物波擾。王駘夫子的心境已如止水，沒有什麼特別重視的，他也只不過是偶而出遊，後面就跟隨了一大票人，他又不開班授徒，何必有什麼重點傳授呢？」

——德充符

文末有一堆不相干的話，筆者以為太突兀，可能是錯文，依「簡單」原則，越少越好，少說少錯，多說反而拉拉雜雜，歧出原意，所以不予採用。

第4則　爭先後

鄭國有個受刖足刑的人名叫申徒嘉，與鄭子產同樣是伯昏無人的學生，都在這裡學習。下課的時候鄭子產對一隻腳的申徒嘉說：「我先出去的話你就慢一點出去。你先走的話我就慢一點出去。」

第二天，兩個人又剛好在同一間教室的同一張桌子，兩人同席而坐。子產又對申徒嘉說：「我先走你就後走。你要先走我就後走。今天我想走前面，你可以慢一點吧？別跟我搶。你看到我這個執政官也不懂得在禮貌上讓一下，你以為你是誰呀？跟我一樣的身份呀？」口氣充滿了不屑。

申徒喜不以為然的反抗：「在先生的門下，豈會有你這種執政官？你以為你這個執政官有什麼了不起的？把人踩在腳底下？大家都應該讓你呀？老師說過：『鏡子明亮就不住灰塵，有灰塵就不明亮！久與賢人相處自己也沒有過錯！』你今天是來這兒學道的，還敢說這種話！真是笑掉大牙！」

子產瞪他一眼，不屑的說：「哼！你已經這副德性了，還敢與堯爭善，把自己捧的多高！不懂得自我反省！」

申徒嘉很不服氣的具理以爭：「為自己申辯過失，認為自己罪不當死的人很多；不為自己辯護，反而自責不當存活的人很少。對於已發生的事，承認它莫可奈何，安之若命的接受，這也只有有德性的人才辦得到！鳥獸進入后羿的射程

之內，照理說應該射的中，但是就有事出意外的射不中，這就是命了。別人有二隻腳，都嘲笑我只有一隻腳，這種人太多，起先我會生氣，後來到先生這兒來學習，就能完全釋懷，不再在意了！大概是先生以善水來沐化了我，令我渙然一新。我與夫子交往已經十九年了，他從不認為我是個殘廢的人，我在先生心目中，與大家完全一樣。現在既然你和我同列先生之門，學習內心的本然，偏偏還要拘執於外在的形軀，不是很奇怪嗎？」

子產面有慚色的對他說：「好了！你別再說了！」

——德充符

鄭子產在春秋時代的地位，僅次於管仲，孔子對於他的稱讚是：「古之遺愛也！」

他在鄭國當政是從西元前五四三年起，一共執政二十多年。他的個性嚴厲，推行法治，鑄刑書。他對他的兒子說明他主張嚴明法治的原因：「水很懦弱溫和，百姓就狎而習之，多死於水患！火很猛烈，民眾望而畏之，避的遠遠的，所以死於火災的較少。唯有德者才能以寬服民，寬難，故取其次，莫如用猛。」所以他積極從事政治與社會的秩序重整。他的看法與義大利的馬其維利很像，馬其維利認為：當君王的太過寬大，屬下就敢犯錯欺瞞，因為事發之後只要認錯就會被原諒赦罪；只有君王嚴厲處罰，屬下才不敢以身試法。儒家也說：「君子可欺之以方。」太寬大的君子往往受人欺騙，受了騙之後也莫可奈何！因為君子是不會報復的！

鄭子產既然重整社會秩序，這一則故事似乎也非空穴來

風，就把它當作相關好了！

查一下春秋歷史，鄭國是周厲王的兒子姬友的封地，位階第三等，屬「伯」，都於河南新鄭，從西元前七六八年到西元前三七五年，一共立國二九三年，這當中一直不斷發生王位爭逐戰，王子殺國君、臣子逐國君，反反覆覆，地處晉楚之間，二邊都不討好，常年在戰爭狀態中，只是一個第三級小「伯」國，還要為爭奪王權而自相殘殺，鄭子產的鑄刑書，只對百有效，根本管不住王公貴族！

第 5 則　天刑

　　魯國有一位受到刖足刑罰的人，叫叔山無趾，他足部的腳掌被切去，剩下腳後跟走路。這一天，他不太穩當地顛著腳後跟走到孔子的住處，探訪孔子。

　　孔子一見他是個受過刖足刑的人，眉頭一皺，板起臉孔訓人：「你眞不謹愼！以前犯下這種過錯！現在你再來找我！還有什麼用呢？」

　　無趾說：「就是因爲不識時務，冒然的輕用其身，所以才喪失足趾。我今天來此，是爲了比足趾更珍貴的東西，我希望能夠完整的得到。天無不覆，地無不載，我以爲夫子您像天地一般心胸寬大，沒料到您竟然如此！」

　　孔子也覺得有些太托大趕快換個語氣：「噯！是我簡陋了些！夫子您何不請進，談談您的意見？」

　　無趾不理他，走了。

　　孔子對學生們說：「弟子們大家要自我勉勵！這個叔山無趾是個殘廢的人，尚且想要學習以彌補從前的過失，那麼你們這些健全的人呢？」

　　隨後叔山無趾見老聃，告訴他：「丘還未到達至人的程度吧！否則他幹嘛一直找你學習？他老是搞一些奇怪的把戲，演周公之禮樂、提倡仁義道德，弄出一些名氣，難道他不知至人正是忌諱虛名，搞這些名堂其實是爲自己增加桎梏！」

老聃反問他：「你何不讓他視死如一，以可不可爲一貫，解除他的桎梏，讓他開竅？」

叔山無趾搖搖頭，嘆口氣說：「這種人天性如此，這種桎梏正是上天對他的懲罰，是爲天刑，怎麼解得開？」

——德充符

莊子的故事很傳神，起先一開始就把来人當作有求於他的學生，「好爲人師」是儒家的毛病之一。如果叔山無趾後面跟一大票人馬，自己坐轎子，四人抬著，前面還有人通報，那麼孔子就不會一見面就訓話了！看來現代人的名片還是有用處，省了那些不知趣的人亂說話，這段情節令人有二個感想：一是自以爲是，二是好爲人師，不知眼前碰到的是高人，還以爲別人要来向他學習！

莊子並不直接批評儒家，而是以側面的手法令人領會，盡在不言中。

第6則　醜人有魅力

　　孔子是宋國人，但祖先逃難，入魯國籍，所以孔子出生與死亡都在魯國。由於魯國三桓把持政治，孔子派人拆他們的城牆，有二家拆了之後再建，另一家根本反抗，最後三桓勝利，故意羞辱孔子，所以在五十四歲時離開魯國，四處周遊列國，一共十三年，等到六十八歲時，季康子當政，魯哀公派人迎接孔子回去，這是西元前四八四年的事。

　　魯哀公在位已有十一年了，孔子剛返回魯國，中年的哀公向六十八歲的老夫子討教見聞。

　　哀公說：「衛國有一個很醜的男子，名叫哀駘它。通常男人與他相處都捨不得離開，婦女見到他，竟然要求父母說：「與其作別人的妻子，不如做哀駘它的妾！」這種人至少有十幾位！他從來不主動唱歌，但是會應聲附和別人唱，他既無官位以救濟別人的生命，也沒有財產去填飽別人的肚子。那副長像很嚇人，只當應聲蟲，沒有特殊才華。他的知識也不廣博，不超出鄰里四週，但是無論男女都很有人緣。一定有異於人的長處！寡人也好奇，把他叫來看看，果然很嚇人！真的很醜！他跟我相處不到一個月，我就對他很中意，不到一年，我就很信任他，正好國家也沒有宰相，我就把國事交託給他。他並沒有高興的反應，表情悶悶的，考慮了一下才答應，沒多久又辭掉不幹了。我實在覺得自己無能，乾脆把王位禪讓給他，沒多久他落跑了，離開了本國，

不知躲到哪兒？他離去之後寡人若有所失，成天心情鬱悶，
似乎這個國家一無可樂之處！這個人你聽見過嗎？他是一
個什麼樣的人呢？」

　　仲尼聽著一國之君敘說自己的心情，他沈思了一下說：
「我曾經在楚國見到一窩乳豬在吸食母豬的奶，但母豬已經
受傷死了。沒多久小乳豬也驚覺到母豬沒氣息，身體不動，
與往常不同，它們全都跑掉了！它們愛母親，並非愛母豬的
外表，而是愛其中的生命精神。在戰場上死的人，不需要豪
華棺材上的扇形飾物，刖足者也不必珍愛鞋屨，因為沒有棺
材就不用飾物，沒有腳當然不需要鞋屨。若在宮中成為天子
的嬪妃，自然不必剪指甲，不必自己穿耳洞。男僕官若已有
妻室的可以在外住宿，不必再回來當差，普通形全的人尚且
知道愛的是內在精神，不是外在形相，何況一個全德的人
呢？像哀駘它這種人，未言而使人相信，無功勞卻使人親
附，還讓君王授予國家大權，甚至於還擔心他不肯接受，他
一定是位才全而德不形的人哩！」

　　魯哀公聽的很認真，追問道：「什麼是才全？」

　　孔子解釋說：「了解生死存亡，窮達貧富，賢不肖，毀
譽譏稱，寒暑饑渴⋯這些變化只是命運的流行，日日夜夜不
斷前後交替，我們有限的才智是無法得窺本源起始的。有限
的小聰明不足以擾亂中和本性，也不能進入心府靈台，只能
使它和順愉通，不失安逸快樂。若能使日夜之間中和不斷，
與萬物和諧相處，待人接物與時推移，一切順逐於心，這就
是才全。」

哀公又問：「什麼是德不形？」

孔丘告訴他：「水平是流水停止的最佳盛況。可以爲法則，保持內心中和又不受外物激蕩。德，是純和的修爲。內涵的收斂，不彰著於外，一切萬物都被含融在其中。」

魯哀公與孔丘談了如此多，隔天閔子騫來，哀公告訴閔子：「這些年來，我南面而君天下，認眞的奉行法紀，爲百姓的生命操心，我以爲這樣很夠了。現在我得聞夫子之言，才反省自己可能還實力不夠，小心輕用其身而亡吾國！令我有所警惕！我與孔丘的關係，不止是君臣的上下關係，也是德性上的朋友關係呢！」

——德充符

第 7 則　忘了你是誰

　　有一個畸型的怪物，彎背、跛腿、沒有嘴唇、頸部長大瘤子，他去遊說衛靈公，風流好色的衛靈公跟他談談話之後，居然很欣賞他，再看其他人，就覺得其他人的長相不正常，脖子都太細了！這個畸型怪物又去遊齊桓公，也很得桓公的人緣，桓公再看其他人，也覺得別人怎麼脖子長那麼細？怪怪的！

　　所以說，如果一個人在修德方面有特別的涵養，人們對於他的外貌會不太計較。偏偏一般人都該忘的不忘，不該忘的倒是忘了！這才是真正的忘記！

　　聖人知所遊心之處，以小知為災孽，規矩約束為粘膠，仁義道德為處世媒介，奸巧機心為販售。

　　聖人不用心機陰謀，何必要小知？不傷害別人，何必要規矩約束？一無所失，何必行得呢？不自我推銷，何必用奸巧機心呢？

　　不謀、不傷、無喪、不貨，這四種天德正是靠天然的福澤來生活，這種上天自然的養育即是天食。既受食於天然，何需再刻意人為作假？不需多此一舉呀！

　　聖人具有人之形，而無俗人之情。

　　因為尚有人的身形，所以樂群、合群，在人群當中度日。

　　因為沒有俗人的偏私之情，所以是非不近於身。

　　聖人也是凡體人身，所以他很渺小！

聖人有通天之志，遊心於天鄉，所以又很偉大！

——德充符

原文出自內篇「德充符」第五段，其中文字有錯漏，筆者懷疑「甕瓷大癭」四字應往上移，移到「闉跂、支離、無脤」之下。莊書文章因爲錯簡殘編，不少地方秩序混亂，有些上文不接下文，有些看似無關，這些工作其實學術界有能力改進，不知是遵古重古呢？還是懶得？

第8則　順隨大化

　　子祀、子輿、子犁、子來四個人談天，得到一個共識：「誰若是能以空無為頭，以生命為背脊，以死亡為尾椎，把生死存亡當作一個整體，我就與他交朋友！」四個人相視而笑，莫逆於心，自此四人常相往來，成為知交。

　　不久子輿有病，子祀去探問他，躺在床上的子輿對他說：「造物者真是偉大啊！把我搞的病體受困，動彈不得！背脊彎曲變形，五官長在上面，面頰縮在腹部，肩膀比頭部高，聳著二隻臂膀，髮髻還朝向上方。」子輿感到身體的陰陽氣息不順暢，但精神上卻輕鬆無事，勉強的爬起身來，走到前院井邊去照照鏡子，又說：「唉呀！老天爺把我搞成這幅德性！」

　　子祀笑著問他：「你不喜歡這副模樣，是不是？」

　　子輿沈吟了一下，回答：「也不盡然！我何必討厭呢？如果上天把我的左臂變化為公雞，我就用它來天天雞鳴報曉，知道時刻；如果老天爺把我的右臂變化為彈弓，我就可以打小鳥，烤斑鳩來吃了！要是把我的尾椎變成車輪子，心思魂神變成馬，那更好！我就乘馬四處遨遊，不必駕車了！生命中的得，只是一時的機遇，失去，也是必然的趨勢，我們安時而處順，接受一切好與壞的變化，自然哀樂不能入，心中不受外物困擾啦！這就是古人所說的懸解。如果人不能自我解脫，那一定是受到物質的干擾，放不下。一切世間之

物都敵不過大自然，我又何必去討厭自己的長相呢？」

子來有病，氣息懨懨的快要死了，他的妻子家小都圍繞一旁低聲哭泣。子犁來探望他，不耐煩的把家人推出去說：「去！去外邊吧！幹嘛哭呢？別驚動大化的重要時刻！」這位客人倚靠在門邊對子來說：「偉大的造化！現在它打算如何做？要把你變化到哪兒？變成什麼樣？也許把你變成老鼠的小肝臟，也許把你變成小蟲子的短手臂！」

子犁存心開玩笑，逗病人開心。

子來很安祥的說：「子女都會順從父母，無論去東西南北，都謹守遵命。我們人類對於大自然的陰陽造化也是一樣，完全聽命順從。現在大自然要我去死，而我不肯聽從的話，那就太強悍，小心有災禍的！你看，大地承載我們的形體，生活一向辛勤勞碌，用老年讓我們安閒，以死亡讓我們休息，所以生時歡歡喜喜，死時也一樣高高興興！如果有一個鐵匠在打鐵鑄劍時，忽然紅爐裡的金屬跳躍著講話：『我要成為鏌邪劍！我要成為鏌邪劍！』那這個鐵匠一定嚇死了！會把這塊鐵當作妖怪，不吉祥！同樣的，上天在造化之時，把生靈造成人形，它開口說：『人啊！人啊！』造化者也會認為這個人是不吉祥的人。我以整個天地為一紅爐，上天是鐵匠，我是紅爐中的一塊鐵，他愛怎麼造就怎麼造吧！我變成什麼東西都無所謂！去向何方也無所謂！」他說完這些就心中無罣礙地睡著了，次日醒來，精神很好！

——大宗師

文中的鏌邪劍本作莫邪劍。吳王闔廬使干將鑄劍，久久

鐵不溶化，再加溫加熱仍然不化。其妻莫邪問：「鐵汁不下有何計？」干將説：「先師歐冶鑄劍不銷，以女人聘爐神，當得之。」莫邪聞語，竄入紅爐中，鐵即溶化，遂成二劍，雄劍名干將，雌劍名莫邪。

灶有灶神，爐有爐神，鑄劍既是一種工藝技術，也是一種宗教活動，以女子聘爐？既悲慘又匪夷所思！

「安時處順，哀樂不能入。」這句話成為莊生的名言，不過「大塊載我以形，勞我以生，佚我以老，息我以死，故善吾生者乃所以善吾死也！」這充滿了人性的智慧，既有詩歌的音韻，又有大自然的節奏，更有開朗達觀的洞視，人生如同一葉小舟，漂漂泊泊浮游在江河上，有時波濤洶湧，有時柳暗花明，流水悠悠，你自在快活也好，你擔驚受怕也行，反正「由不得你」！莊子不主張「人定勝天」，他漠視人的自主意志力，此點與儒家「君子以自強不息」的大願情懷差別很大！

第9則　不得已

被刖足的殘廢不在乎法律，也懶的理會別人對他的評語。被徵派流徙服勞役的人爬再高的架台也不恐懼，他根本不怕死。如果遭人辱罵威嚇而不惱怒回擊的話，他是淡泊忘人的，能做到淡泊忘人的地步，就成為天人了。所以對他再多恭敬，他也面無歡喜之色，對他輕侮不遜，他也無所謂，不會計較。這也只有提昇心性到達自然天和的境界才辦得到。

顏色發怒但心中不動怒，這種怒氣並非真的發怒。

行有為之事但心中無為，這種作為是真正的無為。

七情六慾安靜，內心自然平靜，氣息平伏。

心志高遠，精神靈明，則凡事順順當當，沒有煩心之事。

行有為之事若要行的妥當，就以不得已為底限吧！不要自己找麻煩，切勿多事，非不必要，不需強出頭，凡事出自不得已，順其自然而發生，這就是聖人之道。

——庚桑楚

把傷殘畸型的故事放在秋篇，有「秋決」、「秋後處斬」的典故依據，在九則故事之末，筆者打算多加一筆孔丘的資料，這一段往事已被塵封，少有人知，當然，這與殘障刖足有關，只是孔丘保住了全身，郤造成別人的殘廢！

孔子「被逐於魯」二次，二次都和三桓有關。

西元前五一七年，魯昭公率兵討伐專橫的三桓貴族，反

而兵敗逃亡在外，孔丘亦因社會太混亂而流亡到齊國，齊景公原本想重用他，但被宰相晏嬰阻止。在此地客居，孔丘聽到了宮廷的樂師為他演奏堯舜之時的九韶之樂，「三月不知肉味！」在齊國停留有十六年之久。

魯昭公死在外地，魯定公即位，季桓子當政，禮聘孔丘回國擔任中都宰，次年升司空，又升司寇，這是法官的工作。

西元前五〇二年，齊景公主動邀約魯定公來到山東夾谷會盟，孔丘對定公說：「有文事必有武備！」所以帶了一批軍隊人馬共同赴會，以壯聲勢。

果不其然，齊國有意擺排場，會面之時表演歌舞先出場的是山東黃縣萊夷野人部落的土風舞，耍刀弄劍的，孔丘當場指正：「不合國際禮節，野蠻部落上不得檯面，這是莊嚴隆重的場合，豈可與野蠻人共處一室？」

齊國撤退了土風舞，改上傳統的宮廷舞，齊國的宮廷喜歡看輕鬆搞笑的倡優侏儒喜劇，孔子又抗議：「平民輕視國君，淫靡音樂熒惑諸侯，於神不祥，於德不義，於人失禮！」三大罪狀成立，指揮魯軍抓那些男男女女到台階下面，砍手砍腳，通通成為殘廢。

趁勝追擊，孔丘一鼓作氣向齊國索討回以前被佔的地，位於汶水之陽，龜山之陰，齊國也只有還出這塊地。

回國之後孔丘又去修理三桓，要他們自動拆除城牆，又殺了有名望的少正卯，被殺的罪名是：「陰險、迎合、說謊、學問淵博、所知醜陋、不聽勸⋯。」

在魯定公祭天大典之時，三桓分配祭肉，當然不分給孔

丘，幹嘛要分給那個拆毀他家城牆的惡霸呢？官吏分不到祭肉，這在周禮上是最嚴重的處罰，孔丘一天到晚抱著周禮，這下子當然知道是什麼意思了，表示諸侯對你深惡痛絕！「不得已」，孔丘二度出遊，他一共只當官三年。好景不常，他種種的作為在莊子看來都是自找的，自取其辱，所以在「漁夫」篇中，講的十分客觀又公正，下一篇將進一步了解莊子眼中的儒家。

冬篇：諷刺俗儒

　　在第四部份挑選二十則儒家的思想評論，有幾則是以旁觀者的立場分析孔丘的個性，有二、三則是挖苦、糟塌，也有些正面分析儒家不切實際的理念，更有的假藉孔丘的口舌說出莊子的思想；這種手法莊子自稱為「卮言」：支離破碎、散漫、無根據、荒唐、荒誕之言，不過在某些一本正經不肯「虛妄語」的道學家來看，莊子一書太過荒唐！既然本書書名「幽默禪」，在欣賞莊子的幽默與智慧之時，不妨自己的態度也幽默一下，包容這些荒唐離奇的想像，其實想像甚有意義，眞眞假假、假假眞眞、似眞似假、半假半眞！這些假話之中也有不少禪趣呢！

第 1 則　名實之災

　　孔子主張名與實要相符，像他中年時逃亡到齊國，見到齊景公便教示他：「君君、臣臣、父父、子子。」結果齊國沒有用他。宋國司馬桓魋雕造石棺三年，被孔子批評奢華，下回他來宋國「周遊」，在樹底下休息，桓魋派人把大樹砍倒，把孔子趕出宋國。六十歲以後，第五次去衛國，出公當政，他仍然主張：「必先正名！」唉呀！一輩子如此，衛國仍然不敢聘請他。孔丘的「名實相符」理論在今日只剩下一

個等號，但在春秋時代卻不如此單純，其中的「名」是一個心理關鍵，「實」是物質利益、權勢、王位，以下這一段評論是莊子對孔丘的弱點發出銳利的攻伐，只是主角隱藏起來，借用孔子自己攻伐自己。

顏回打算去衛國，目前衛國政治紊亂，百姓死亡頗多，民不聊生，顏回憑著平日在孔門所學到的一切，去說服專制獨裁的衛國國君。

孔子阻止他說：「哎！你去的話就危險了！天道不欲雜！雜的話就多困擾，多煩惱，沒藥救。有本事的人是先自己做到了再去要求別人，你自己都做不到，哪還有閒時間去管這個暴君的事！

你曉不曉得為何德性蕩失？自作聰明太過度呢？因為好名所以德性才蕩然無存；因為爭奪才各用巧知聰明。有了名就會互相爭高下；要爭高下就得以聰明來當作武器。聰明和德性這二種都是凶器，不能亂用！」

一個人若是厚德篤實，他是不會懂得憤怒之人的脾氣的；不好爭名出鋒頭的人，也無法完全了解人的心理。這種人還偏偏要以仁義道德去殘暴的人面前賣弄，這不過是藉別人的過惡來表現自己的完美。這種人叫做禍胎，災人！你給別人招災惹禍，別人也一樣為你招災惹禍。如果你只是喜歡賢人，討厭不肖之士，那又何必去說服他呢？除非你不諫諍他，否則他一定會和你唇槍舌劍的辯論到底。你將會被他的口才征服，變成你贊同他，如此即是用水救水、以火救火，變本加厲。這還算是對你客氣，如果一開始他就起反感，不

聽你的諍言，你馬上就死在暴君眼前！像夏桀殺諫臣關龍逢、商紂王殺他的叔父比干，這二位受害者都是修身愛民的好臣子，只因為以下拂逆其上，所以被君主排擠出去！這不是好名是什麼？

以前唐堯攻打三小國：叢國、枝國、胥敖國，大禹攻佔有扈國，都造成國土廢墟，百姓遭受刑戮，如此不斷用兵，戰爭不停，為的是要求得到戰果。求名必求實，名實就是戰爭的殺伐殘酷與滿目瘡痍！你沒聽說過嗎？名實這二樣連聖人都做不到，何況是你呢！」

——人間世

這齣戲中的孔子教訓學生顏回，其實就是莊周在說教孔丘，連聖人都沒辦法，何況是你孔丘呢？

第2則　鳳凰

　　這段故事發生在楚國，但我們必需先對背景有一些了解：約在孔丘六十歲以後第四次與衛靈公談不攏，離開交通要道的衛，想去南方的楚國，但中間必須經過陳、蔡二國，照理說他在陳地住過三年，應該和陳國有點交情，但事實不然，楚昭王是個禮賢下士的明君，有意迎請貴賓，此舉被陳蔡二國知道，他們私下商量：「楚國一向欺負週邊小國，（楚莊王併吞了二十六國。）再這麼下去，我們也難逃被滅的命運，現在如果楚國得到孔子為輔，我們兩國勢必危險！」於是出兵攔截孔丘，把這一群人圍困在曠野中一共七十天，讓他們餓的乏力。

　　在餓的說不出話時孔丘還在彈琴自娛，率直的子路問孔子：「怎麼當君子也有如此窮困的遭遇？」孔子回答他：「君子固窮，小人窮斯濫矣！」

　　七十天之後楚國援兵趕到，把這一群人救出，子貢善於外交辭令，他先與楚昭王相談，昭王有意要撥一塊土地給他們，讓孔子與弟子長留在楚。但是手下臣子紛紛反對，認為留下孔子對楚國不利，子貢也勸夫子理想別太高超，應當符合現實。孔丘固執的訓他：「應該只問耕耘，不問收獲！」

　　在楚國的一番理想與計劃又泡湯了，楚昭王不敢留用這名「禍胎」，孔子也明白他自己前進無望，與楚地無緣，就在此時有一位楚國狂人接輿有意來到他們的住所，在門前唱

了一首詩，意在規勸：

　　鳳凰啊！鳳凰！

　　爲何你的德性如此衰敗？

　　將來無法期待，

　　過去的已成過去，不必再沈湎其中。

　　天下若有道，聖人才出來做事。

　　天下若無道，聖人自保性命都來不及了！

　　今天這種亂世，

　　能逃過災刑就很幸運了！

　　幸福輕飄如羽毛，稍縱即逝！

　　大禍當頭重如地，卻不知避！

　　算了吧！算了吧！別再招搖你的德行論！

　　危險哩！危險啊！畫地自牢！

　　長滿刺的迷陽花，別擋我的路！

　　趕快拐彎繞行吧！別刺傷我的腳！

　　　　　　　　　　　　　　　　　　　——人間世

　　孔子聽到這一勸告，趕出來，想和這位善意的高人聊聊，他已經走避了！不想再惹是非！

　　孔子接受了勸告，與弟子們又長途跋涉，離開楚地，第五次去衛國。

　　接輿提醒孔丘「來世不可待，往世不可追。」與《金剛經》所說的：「過去心不可得，現在心不可得，未來心不可得。」是一樣的。孔丘一直沈迷於周禮中，死抱著《書經》不放，這與他是殷人之後有關，一心想要回復到古代的宮廷

排場，經常教弟子演禮，在空地上排練，看起來壯觀、整齊，有點像在排練舞台節目，非實用性，純屬趣味，當有一些古典意義與價值，但不符合社會現況，所以旁觀者才說他：「往世不可追！」如此的執著！也還真少有！一個活在歷史中的人！

第 3 則　亂揭仁義

　　孔子打算把自己的著作送到周朝的國家圖書館去保存，他希望自己的思想能受到國家的重視！

　　子路為他出主意：「聽說有一位周的徵藏史，名叫老聃，他現在罷官在家，夫子若想藏書，何不去問問他？」

　　孔子認為可行，找個時間去拜訪一下。

　　他去見了老聃，說明來意，但老聃不許可，不想收藏這些沒有價值的竹簡，孔丘又再引述六經的內容與歷史意義，老聃打斷孔丘的滔滔不絕，問他：「太冗長了，我只想聽重點！」

　　孔丘答：「重點就是仁義！」

　　老子反問他：「請問：仁義是什麼？是人的本性嗎？」

　　孔丘答：「是啊！君子不仁就不是個君子，不義的話就無法生存。仁義二字就是真人的本性，不然還怎樣？」

　　老子耐性地再問：「好吧！那再請問：什麼是仁義？」

　　孔子流暢地說：「中心和樂，對人兼愛無私，這就是仁義之情呀！」

　　老子注視著他，從容不迫的向他分析：「噯！你這麼說實在糟糕！你談兼愛呀！實在迂腐！無私其實就是自私！你的出發點不就是要使全天下都能得到養育嗎？你看看！天地固有常理！日月本來光明，星辰一向運轉排列，禽獸各自成群，樹木也生長的好好的，你何必去攪局呢？你自己依

著天德而行，循著自然之道生活，不就好了嗎？你幹嘛要刻意的倡舉仁義，好像拼命擊鼓去找你那個已經死去的兒子？噫？你眞是多此一舉，徒亂人性呀！」

——天道

假借老聃的口，對孔丘指明：已失仁義，就如同兒子已經亡故，春秋時代已經不再是古代盛世，社會風氣改變，爲何不遷就現實呢？這世界沒有仁沒有義，日月星辰也照樣運轉，草木生長的茂盛美麗，鳥獸蟲魚也沒死光，照樣活的好好的！天地之間自有其道，仁義即使好，也不過是天道自然的一小部份，有天道流行就夠了，何必再去特別提倡什麼仁義呢？凡事都有反效果，顧此就會失彼，因爲紊亂才提倡仁義，這種社會混亂不也是順道而行嗎？它的亂相自必有它的天理存在，凡事有因果，亂也有亂的道理，就像風雨之時江湖混濁一樣，總不能經常死水一潭吧！亂一下才有澄清的機會，政治混亂，往好處看是權力再分配，「皇帝輪流當，明年到我家！」這是孫猴子的戲言，也是人心的眞實告白。

孔丘的執意道德，不也是依循天道的表現？有亂世，就有孔丘！有人傻愍，掉在泥淖中爬不出來，也有人在外邊拍手，笑這個人活該！局內與局外二種人，不也都是天道表現？

第4則食古不化

　　孔丘離開魯國向西去遊衛，看看與當時的衛國君能否談得來。

　　顏淵抽空去請教魯國太師金先生：「您看咱們夫子這趟出遊到衛國，行得通嗎？」

　　金太師搖搖頭說：「唉！可惜啦！你們夫子是窮途末路啦！」

　　顏淵並不訝異，他已經聽多了，反正多瞭解一點也不錯！他又問：「怎麼說呢？」

　　金太師有他自己的一套看法：「你看嘛！祭祀用的草芻狗在準備要用的時候，先用竹箱子裝盛，上面蓋著繡花絲巾，弄得漂漂亮亮，一旦巫師齋戒祈禱之後，就得把芻狗往外拋出去。被廢棄的草紮芻狗如同垃圾，被過路人任意踐踏踩過去，揀柴的人把它揀回去當柴火引子用。若有哪個傻瓜又把它裝在竹箱中，以繡花絲巾覆蓋，在它旁邊睡覺，這個人不但不會做好夢，可能還會倒霉招災殃！

　　你們的夫子就是取先王已經用過的芻狗，聚集弟子們在它底下睡覺，結果呢？你看！伐樹於宋，逍跡於衛，窮於商周，這是好夢還是惡夢？被亂兵包圍在陳蔡之間時，有七天沒有火食，生死迫在眉梢，這不是災殃是什麼？哎！在水中行就要用船，在陸地行要用車，如果硬是把水中的船拿來陸地上推，你推得動嗎？能走多遠？古代與現代如同水中和陸

地，周朝和魯國就是交通工具船和車，現在一定要把古時候西周的政體用於現在的魯國，在陸地上行舟，行不通的！徒勞無功，而且自找災殃！他就是不懂得無方之傳，傳之於無形，無形才不朽，應化萬物而求遠無窮！」

——天運

這段故事用二個了譬喻，一喻周禮不合時宜，像祭祀用過的祭品，當時有用，事過境遷就毫無價值了！孔子揀了一個過時的周禮，還當作寶似的一用再用，已經無用了他還不知道，表示這個人不切實際，不合時宜！

另一喻以陸上行車，水中行舟來說明時空變遷有其客觀性，不能只憑一意孤行來硬拗，不同的時代，不同的國家，有不同的政體制度，為何一定要把周朝的制度完全硬套在魯國頭上呢？這個頑固不通的人，渾然不自覺！

真正不變，永世能用的不是死板僵硬的體制，而是無形無相的天然之道，沒有方法的方法，不傳之傳，它在任何時候，任何地方都能被人接受，應化萬物，源源不絕，只有「無為無不為」的大化流行才永世存在！

第 5 則　風化之道

　　孔丘向老聃埋怨訴苦：「我研究詩、書、禮、樂、易、春秋六經很久了，自己也覺得完全熟悉它的典故，用我多年來的學養去晉見七十二位君主諸侯，對他們介紹先王之道，周公、召公的一切事跡，但他們沒有一個人要用我，實在很奇怪呢！怎麼這些人如此難說服！大道又如此難明！」

　　老聃回答他：「眞幸虧你沒遇到治世之君呢！你無法掌握重點。六經只是過去先王的遺跡，不是原因要旨。你所說的全都是殘留的痕跡，就像鞋子踩出足跡一樣，足跡再多畢竟它不是眞正的鞋子。什麼是道呢？歷史都是道的足跡，不是天然之道！你看！大自然之中白鷺鷥只要互相注視，情感相通，就會下蛋，且是受精卵的蛋，能孵化出小鷺鷥，這種不相接觸就能受精的現象稱爲風化。蟲子呢？公的蟲子在上風叫，母蟲子在下風應合，如此也產卵，孵化出小蟲子，這也是風化之道。還有一些動物，自身具有雌雄兩性器官，乃雌雄同體，植物中有，動物中也有，這種動植物只靠一身就能生育下一代，也是風化之道。你爲何不多研究此時此刻的現象世界呢？到處充滿了生機，到處都有普遍的道呀！本性是不變易的，命運不能扭轉，時間之流不停息，自然之道不會被堵塞。如果能悟道，凡事都行的通。如果不悟道，當然行不通！」

　　孔丘有所領會，三個月後又來找老子，很高興的說：「我

悟道了！烏鴉麻雀是孵化而生的，魚兒靠著互吐濡沫而受孕生卵，蜜蜂是變化蜂蛹而生，母親生下弟弟，哥哥會不滿冷落而哭泣！啊！太久了！我很久沒有觀察大自然了，不懂得大化為人的道理，既不懂得大化為人，豈會懂得化人的方法呢？」

——天運

　　這段故事有二種道：孔丘的歷史文治之道，老子的生物界繁殖之道。一者人文，另一者科學，其實沒有交集。

　　先王之道仍然有其歷史意義與價值，春秋時期不流行，有可能是孔丘的方法不能迎合當時的社會。

　　若說生物的繁殖方式「風化」之道能代表大化流行，這也太扯了吧！這仍然侷限在世俗現實層面呢！算不得心靈之道！

第6則　窮通有命

　　匡地，在今天河北省長垣縣的西南方，當時是一位衛國的貴族公孫戌當老大。孔子五十四歲以後再次離開魯國，西行到衛，可是衛靈公正好被美女南子迷的神魂顛倒，對孔丘的先王之道沒什麼興趣，孔丘住了幾個月，每天受到衛靈公所派的人監視，還是離開都城濮陽吧！

　　一行人向南走，來到匡邑，以前魯國有個惡霸陽虎曾經帶領人馬欺負過匡邑的百姓，這時候匡人發現有許多人連同車馬又來到這兒，心中有所警覺，再一聽說是從魯國來的，更糟糕！有人說：「那個坐在車裡的人很像陽虎！」這下糟了！匡人要報仇，把孔子包圍起來，這一群人在此受困五天！

　　孔子帶領學生來到衛國的匡邑，被當地居民層層包圍，鼓噪不已，有人痛罵，有人丟石頭，反正不讓他們自由出入。如此度過了五天。

　　孔子在這五天當中，忍耐白天的烈日，夜晚的風寒，依然彈著琴，絃歌不止。子路過來跟夫子打招呼：「夫子！您還有心情找娛樂呀！」

　　孔子答：「來！坐下，我跟你談談！我這一生就是忌諱窮困，可是免不了，這是我的命！我也希望通達，但又求不得，這是時運不濟。

　　在舜盛世之時，天下人人富足，無窮人，這並非他們的

智慧比較高明。當桀紂亂世之際，天下沒有人能過的好，這也不是因爲智慧低落，而是時勢造成。

在水中不避蛟龍的，是漁夫之勇。

在陸地上不避兕猛老虎的，是獵人之勇。

面對白刃，顏色不改，視死如生的，是烈士之勇。

知窮之有命，通之有時，面臨大難而無恐懼的，才是聖人之勇！你放心吧！我是命中註定，有驚無險的！」

沒多久一位披著戰甲的頭領進來，對他們說：「我們誤以爲你們是陽虎，所以才包圍住，現弄清楚了，搞錯了！你們可以走了！」

——秋水

離開時匡邑的頭頭老大公孫戍又警告孔丘：不歡迎他！以後不許來！這一行人向北進，去到都城濮陽。

第7則　只懂一半

　　楚國有一位修道人溫伯雪子要去齊國，夜晚在魯國住宿，魯人儒士孔丘請求接見，溫伯雪子不肯見，他告訴僕役：「我早聽到人說：魯國的君子只明白禮義人倫，卻疏陋於洞悉人心，這種人我沒興趣，不想見。」

　　隔幾天，溫伯雪子去了齊國，返回時再度住宿於魯國同一間旅店，這位君子孔丘又來請見，溫伯雪子只好對通報的僕役說：「上回要見我，今天又要見我，大概他有什麼話要對我說吧！」

　　出來見到孔丘，孔丘告辭後，溫伯雪子回房時嘆氣！

　　明日孔丘又來了，溫伯雪子回房時依然嘆氣！

　　僕役看在眼裡，順口與他聊一下：「你怎麼每次見到這個人就嘆氣呢？」

　　溫伯雪子說：「我上回不是說過嗎？『魯國的君子只懂禮義儀式，卻不懂得內心世界。』剛才那個人來見我，言談舉止與聲音笑貌之間，完全中規中矩，合乎禮節，他的態度十分從容，猶如龍虎盤倨，他勸諫我的口氣溫婉的像晚輩，教導我威嚴的像長輩，所以我才嘆氣！」

　　仲尼回去之後沒說什麼，子路問他：「夫子！你不是一直很想見見溫伯雪子嗎？怎麼見了面卻沒話說？」

　　仲尼答：「這位高人，只要用眼一看就知道他很有道行，我是不需要再多說什麼了！」

——田子方

「明乎禮義而陋於知人心」是莊子對孔丘的意見之一，確實，孔丘的興趣在書經中的周禮，他在魯國當中都宰、司空、司寇共三年，晚年擔任禮儀顧問，不任官職，整理六經文獻，他的用心全都在「故紙堆中」，放在六經典故的考據，是一個活在「非心靈」層次的人，不能說他是個「活在現實」的人，他並不實際，還偏執己見，唉！從事教育工作的人郤陋於知人心，莊子可能指的是心靈深度。

第8則　只有一儒

莊子來見魯哀公。

哀公潑他冷水：「我們魯國都是儒家的地盤，街頭巷尾都可見到儒士，很少有人學你的道法。」

莊子冷傲的頂回去：「魯國的儒士沒有幾個。」

哀公反擊：「整個魯國大家都穿著儒服，怎麼算少？」

莊子存心找碴：「我聽說過：儒者戴圓冠的表示知天文，穿方型鞋的表示懂地理，腰上佩五色絲帶的玉玦表示能占卜吉凶，遇事能斷。君子有其道的未必表現在衣服上，穿儒服的也未必真有其道。您要是不相信，何不下個命令：『凡是無此道而穿儒服的，死罪！』我們等著看結果！」

於是哀公下命令，五日之後，魯國沒有人敢穿儒服，只有一位在公門服務的官員敢穿，魯哀公召喚他前來，問以國事，這位儒士回答的有條不紊，頭頭是道。

莊子很得意的對魯哀公說：「怎麼樣？整個魯國才只有一位儒者，不算多吧！」

——田子方

這段故事當然是開玩笑，魯哀公是孔丘晚年時的年青君主，孔丘生前一共有三位王：魯昭公、魯定公、魯哀公。戰國時期的莊子與春秋的哀公相距有一二〇年，所以這段對話純屬幽默的想像。

虛有其表的大有人在，孔丘一再要求「名實要相符」，

但可笑的是：穿儒服的未必是儒士，掛羊頭賣狗肉者甚多！豈不可笑？在莊子看來可笑，對一本正經的孔丘來說就是可悲了！

　　知天文、懂地理、兼能占卜懂易理，這才是完美的儒者，可惜呀！立意雖然良好，誰能做得到？莊子在嘻笑怒罵之間表現了他的幽默和諷刺！

第 9 則　落跑

孔子去楚國時借住在蟻丘地方一戶賣豆漿的人家，他們鄰居有男男女女在爬屋頂，子路看到覺得奇怪說：「這些人這麼吵，是在做什麼？」

孔丘也出來看，他說：「是聖人的家僕。他把自己躲藏在平凡百姓中間，隱居在鄉野田邊。聲銷匿跡，他的志向高遠，即使嘴吧講話，內心卻未嘗言。清高明潔，不肯同流合污，是生活在人間的隱士。可能是市南宜僚。」

子路想去看看。

孔子說：「不必去了！他知道我是來推銷自己的，他曉得我這趟來，一定設法讓楚王召喚入宮中，他大概以為我是個逢迎拍馬的佞人，既然這麼差勁，他怎會見我呢？他一定又躲著不肯見人！」

子路去看清楚，果然他們家裡空無一人，全都走了！

——則陽

第 10 則　挖墳盜墓

儒者依據詩經中的禮節來盜墓。

大儒率領一批小儒半夜去塚間進行開挖儀式。

大儒當司儀，站立一旁傳臚下去：

「東方即將發白矣！

事情進行的怎麼樣？」

小儒恭敬的回覆：「尚未解開短衣和下裙。

亡者口中有寶珠。」

　　大儒並不動手，只在一旁教導動作：

　　「詩經上說：『青青之麥，生長在山坡地。

這個老鬼，生前不布施，

死後含著一顆明珠做什麼？

我們替你佈施做善行吧！』

　　聽著！小子們！先壓住他的頭部，再壓緊他的下巴，扯動一下，接著用鋤頭挖開口腔，慢慢撬開兩頰，不要弄傷了寶珠！」

──外物

　　這一則笑話如何？是很標準的「糟塌禪」！

　　孔子喜歡聚集學生演習周禮，有模有樣地擺陣式，經常在戶外排練，甚至在宋國的大樹下也來排練！他做什麼事都要引經據典，連參觀歌舞表演也要合於古禮，鬧的不歡而散，氣氛搞的很僵，他的官運只有短短的三年，對於他偉大

的志向而言，眞是一大諷刺，大概其他君王也嚇到了！不敢用他！所以莊子才把盜墳挖寶的竊賊行爲配上中規中矩的周禮，很有可能，莊子一定在想：「夫妻在行周公之禮時是何等儀節？」這一段荒唐之言說它是莊子的「糟塌禪」並不爲過。

第 11 則　雷厲風行

老萊子的徒弟外出採樵，碰到仲尼，回去跟老萊子講：「我剛才遇到一個人，上半身很長，下半身很短，像隻猩猩，駝著背，豎著耳朵往後翻，他的眼神犀利，不知是何方人士？」

老萊子說：「是孔丘，你去請他來。」

孔丘來了。

老萊子告誡他：「丘呀！要把你的二種毛病去掉，才能做君子：一是外表聰明太過，二是親身實行又愛自誇炫耀，這二個毛病不好！」

仲尼向他作了個揖，然後往後退二步，想了想，皺起眉頭問：「我改了這些就會好轉嗎？」

老萊子說：「唉！你不願忍受一世的暴政而輕視了萬世的禍端，實在眼光短淺！智謀不足！給予人一些小小恩惠就以為有恩德而自傲，這是終身之醜，只有中等人才有如此行徑，上等人是不會這麼做的！人與人之間互相接引要靠名氣，但要深交卻要維護他人隱私，與其稱揚堯舜，誹謗桀紂，何不兩忘而無所非譽！這樣就不會惹是生非了！

凡有作為就有毛病，聖人對任何事都不輕舉妄動，謹慎考慮在前，才能成功在後！奈何你如此莽撞，凡事親身躬行，而且還要四處誇耀呢！」

——外物

「相引以名，相結以隱。」這是做人的厚道，不言人非，呼朋引伴可以互相捧場，長袖善舞的人懂得為人美言，這是惠而不費的事，雙方都歡喜，不過這種顧及別人顏面的考慮不是每個人都會。

言人是非會讓聽眾排斥你，因為你嚴厲批評的個性一旦針對甲，難保某一天也會針對乙；你可以說人隱私，也不留情面的挖人瘡疤，這就是沒口德，別人一定對你退避三舍，提高警覺。在當時的春秋時代，孔丘週遊列國的時間很長，從三十四歲出亡，到六十九歲回魯國安養，中間只有三年當官，他賦閒的歲月一共有三十二年，十分可惜！這三十二年都處於曲高和寡的狀態，他對待人事太過認真，雷厲風行，做人說話不夠含蓄厚道，在別人眼中就評價差勁了！難怪四處遊行郤不受歡迎，還會遭到高人隱士的諷勸！

第12則　變中有不變

莊子跟惠施聊天，講到孔丘。

莊子微微一笑，說：「孔丘活到六十歲的時候才知道與時俱進的變化道理，這時才覺今是而昨非，只是不曉得他是否又把『六十歲之是看待五十九歲為非』的這種改變又當作非？」

惠施冷冷地說：「他再怎麼變，還是變不了他的本性。他一向就好知固執，意志堅定的不容改變。」

莊子想了一想，說：「反正他已經過世了，也沒講到這一點。他曾經說過：『人類從大道根源得到才華，從生命中恢復靈性。凡事要有法規依據，音樂要合乎音律，講話要合於身份地位。面對利害關係時，好惡是非只能令人口服而心不服。若要使人心服，不敢為非作歹，就一定要有一套通行天下的法制體系。』哎呀！算了吧！他這種個性我是沒得比的！」

——寓言

孔丘的個性嚴肅，一切事情都要依據古老的周禮，連睡覺也夢到周公，他不完全是法律專家的個性，應該說是典章制度，宮廷禮儀的專家，「定天下之定」就是要求有一套人人共通的判斷標準，這在「無是無非」的莊子看來，很霸氣，也太刻板！

第 13 則　牽掛

　　曾參第二度出仕時官位比先前大，有了人生經歷，心境也不同，他對朋友說：「以前當小官時，父母都健在，那時薪捧不算多，只有三釜，但能與雙親和樂度日。現在我的薪俸比從前多出太多，但雙親都過世了，不能奉養他們，內心有些感傷。」

　　弟子們把這些話告訴夫子，並且問仲尼：「像曾參這樣的孝心，應該說是不好利祿，不受功名的牽絆了吧！」

　　孔子搖搖頭，不贊成如此高的評價，他指出：「還是心有所繫！有所牽掛呢！他要是真的一無牽掛，就連這一念悲傷之情也不會有了！他何必在意三釜粟與三千鍾的差呢？無牽無掛的人看待三釜與三鍾，只如同鳥雀蚊蟲飛過眼前罷了！」

——寓言

　　春秋時期的一釜是容積，六斗四升。

　　　一鍾是六斛四斗。

　　二者相差非常大。

　　曾參的父曾晳在田中打他打的半死，孝子曾參不敢逃跑，直到鄰人過來拉開，事後孔子還怪罪這位孝子：「你應該跑開的！萬一真被打死了，會陷你父親於不義！」很難想像這個暴怒愛打人的老頭子，就是年青時彈彈琴，穿著新衣裳去春遊，到沂水裡沐浴，閒來無事，坐在舞雩壇上吹吹涼

風，唱唱歌的悠閒佳公子曾皙！

　　似乎很少有人評論曾皙的這種轉變，一樣是儒者，同樣是受過教育的孔門弟子，爲何如此嚴厲對待子女？儒家只能以「天下無不是的父母」來慰勸晚輩，不敢觸犯長上權威，這種威權式的管教方法成爲中國傳統文化的一部份，儒家只關注外在形式，未能觸及人心內部，後來佛教以因緣業報來講解，難怪吸引了大批心有疑惑的讀書人。

第 14 則　虛榮

　　孔子弟子原憲住在魯國，房子小小間，用生草搭建，蓬草編織的大門已經有些破爛，露了些洞口。大門的樞柱是桑枝，搖搖幌幌，用力一扯，大概就會分離。小草房的側面有個透氣口，算是窗戶吧，用破瓦甕支撐著。小草房用黑布門簾分隔成二間，一內室，一外堂。上頭滴滴答答在漏雨水，底下潮濕發出一股霉味。原憲正襟危坐在外間彈琴唱歌。

　　同學子貢心血來潮，想找原憲聊聊。

　　家境一向富裕的子貢乘著大馬車，穿戴整齊，天青色的儒服，外面披一件雪白衣裳，看來神采飛揚。他的高大馬車進不了窮巷子，只好下車走進來找同學。

　　子貢在門外喊，原憲趕緊戴上破帽，穿上爛鞋，拄著藜杖來應門。

　　一看到他這副潦倒的樣子，子貢很關心的問：「噯！先生！你怎麼生病了？」

　　原憲回答：「我才沒病呢！我聽咱們孔夫子說過：沒錢叫做貧，學道不能行才叫做病，我現只是貧窮，才不是病呢！」

　　子貢臉上有點掛不住，面有愧意！

　　原憲看在眼裡笑著說：「哎！人各有志！有些事我做不來！像隨波逐流的希世而行，結交貴人，學東西是為別人，教訓別人是為自己，以仁義之行來掩藏罪惡，內心污穢郤外

表軒昂，還有輿馬之飾，這些事都是我做不來的，我也不忍心如此啊！」

——讓王

莊子以「學道不能行謂之病」一語雙關，既指孔子不能行道是病，也指孔子自己有病而渾然不覺。一大諷刺！

學道當然要行，不行道就非修道。道在生活中，生活中的安之若素正是道心的表現。

儒家的目的在經世致用，將一身所學施展開來，這就叫「學以為人」，不是為自己！二大諷刺！

走到那裡都自以為是，「人之大患在好為人師。」喜歡教導別人，以為只有自己懂，主動要別人來學，這種好為人師一見面就愛訓人的主觀，是「教以為己」，三大諷刺！

以仁義掩飾自己的過非，蠻虛假的！春秋時代有，現代也有，一位獲頒「模範母親」獎的婦女，經人檢舉，竟然經營色情行業，是一位老鴇！另一位獲頒「師鐸獎」的優良教師被女學生控訴性侵害，經過調查，二十年下來有無數女學生受到威脅恐嚇，為顧及顏面不敢聲張！如此標榜道良善，徒好虛名而匿以喪德敗行，這豈不也是天道大化的一部份！

第15則　曾子向道

　　曾參住在衛國，穿著舊棉絮縫製的內襖，沒有外層罩衫，因營養不良而面色浮腫，兩手兩腳都因勞苦做工長粗繭厚皮。

　　經常三兩天沒東西吃，不必升柴火熱飯菜。十年下來沒錢做新衣裳。他的儒冠用久了，絲帶老早斷了，沒得換！衣服太小太短，拉拉扯扯的，遮不住手臂，露出手後肘。鞋子嘛，腳後跟也穿幫了，顧前不顧後。拖拖拉拉的踩著破鞋，卻在高聲唱殷商時代的曲子，他的聲音洪亮，若出金石，音韻優美，聲滿天地間！

　　他的自得其樂，不貪圖富貴，安於貧困窮陋，使得諸侯無法與他結交，天子也無法讓他稱臣，儒家還是有修道人的！

　　所以養志氣的人忘記物質形身。

　　修養全形的人忘卻功名利祿。

　　修道人連凡心都一概忘卻了！

——讓王

　　這紀錄應該發生在曾子二次當官的中間。

　　依照中國相法，聲音宏亮也是一種出格之相，像矮小的齊國宰相晏嬰就是聲如洪鐘，通常發聲出自喉部與胸腔，少有人發自丹田，十人二十人中也難尋一人，丹田音的人具有相當福份。

　　反過來講，聲音撕裂、粗糙、沙啞、男有女聲、女有男聲，都非好音，至少在與人相處之時予人無好感！事業上有起有落。

　　曾參有如此好音聲，難怪後來有第二次出仕的機會，且高官厚祿，名留千古；莊子一再把曾參和史魚二人並稱，可以知道曾參的成就在子貢、子路、冉有…這些七十二弟子之上。

第 16 則　顏回何以樂

孔夫子很疼愛顏回，關心的問他：「回啊！你過來！你一向家貧，生活不好過，何不去謀個差事呢？」

顏回告訴老師：「我不喜歡出仕。我在城外有五十畝田，足夠吃稀飯，城內有十畝田，足夠我穿衣。平常我彈琴唱歌足以自娛，我向夫子所學的道也足夠讓我快樂，精神有寄托，這就夠了！我不想出去做事！」

孔子沒料到他的窮學生竟然是個地主，而且還很會理財，有佣人幫他種田，有飯吃，有衣穿，難怪閒閒的彈琴唱歌！孔子臉色有些驚訝，回神了之後才說：「善哉！你的主意真是妙！以前我曾經讀過書上說：『知足的人不會以名利來自累！自以為富有的人不怕損失吃虧。內心有修養的人不會因為無官爵位而慚愧！』我讀過這一段話很多遍，可是直到現在才真正明白，你確實做到了知足常樂，這也是我今天的收穫！」

——讓王

「論語」中對顏淵的描述是：「一簞食、一瓢飲，回也不改其樂！」後來有人戲稱：顏回是營養不良餓死的！莊子說他是個地主，城內城外都有田產，不愁吃喝，懶得與人逢迎拍馬！這就像陶淵明不肯為五斗米折腰，「悠然見南山」回他家園子採菊花去了！搞半天他是有家產的人！難怪有後退之路，回家還有老米飯可吃！

　　宋朝時的科舉制度出考題：「顏回何以樂？」不知士子當中有沒有人敢寫這段？顏回有田有產，餓不死他，所以快樂！

第 17 則　窮通皆樂

　　孔子被圍困在陳蔡之間，糧食不繼，有七天沒有米糧吃，只好吃野菜，大家被這一場無妄之災搞得筋疲力盡，每個人都神情憔悴。此時孔子出於無奈，拿出琴弦來唱歌打發時間，顏回去外面採野菜，專找一種叫藜草的植物，它的葉子可以吃，莖可以做手杖。

　　子路和子貢碰到顏回，私下有怨言：「我們的夫子實在太出名了！可是不是好名聲，而是惡名昭彰，你們看！我們一路上跟隨著他，到處碰壁，到處被別人給臉色看！再逐於魯，削跡於衛，伐樹於宋，窮於商周，現在又被圍於陳蔡！唉！殺夫子的不會致罪，捆綁他的也不受禁制！任何人都可以留難他，夫子也莫可奈何！他的名氣搞壞到這種地步！你看！他現在還在鼓琴弦歌，自己不知反省，若真是個君子的話，豈會這般無恥？」

　　顏回一向沈默寡言，這次也沒說什麼，進去告訴孔子大家在背後有意見。

　　孔子聽了後嘆一口氣，把琴推開，說：「由與賜，這二個人哪就是沒見識！把他們找來吧！我跟他們談談！」

　　子貢、子路進來了。

　　子路先開口：「我們今天到這種地步，可真是算是窮途末路了吧！」

　　孔子說：「咦！是什麼話？君子人的通達於道，君子的

窮乏於道，不是指外在處境。我們現在是胸中懷抱有仁義之道，卻遭遇亂世災患，這不是窮於道啊！我們內省才不疚於道呢！不需感到不安！我們要謹慎，臨難不失其德，要堅定信心，決不苟且！就像冬天時大寒來臨，霜雪紛飛，這種堅困的環境下其他作物都枯死了，唯有松柏才能蒼勁榮茂！這次陳蔡之圍正是一場考驗！對於我而言其實是一種幸運，正好試練自己的定力與能耐！」

孔子打起精神又捧回琴弦彈奏歌唱，子路也釋懷了，振奮精神，拿起干戈配合音糸的節奏在比劃，子貢也看的開心，說：「我也不知天高地厚了！」

古時候修道且得道的人，窮時快樂，通達時也快樂。他們所樂的並非是窮與通，樂的是道！心中有道德，外在處境的窮與通只不過是四時多夏的運行循環罷了！

————讓王

莊子在外篇〈秋水〉第二節講到窮與通：

「孔子曰：『我諱窮久矣，而不免，命也！求通久矣，而不得，時也！』求通是心之所向，表示意志，但求不得，這是時運不濟，表示：窮是命，通達是機遇、運氣，我們把命和運合成一辭，成為「命運」。

雜篇的〈讓王〉第十二節說法不同，把窮與通當作外在四季的運行變化，是外在客觀條件，內心有道是主體性要求，只要有道無論春夏秋冬如何變化，都要過日子，窮與通也只是現象罷了！這二種說法不同，但值得回味！

我們對於命運感到困惑，因為未知而且關心！行天宮每

一天香客都人滿為患，說明人心對於窮與通的不耐與渴望，若要告訴善男信女：「只要信仰虔誠，窮也樂！通也樂！」大概這些人笑不出來！

第18則　高手過招

　　魯國有賢人柳下季，原名展禽，居柳樹之下，死後其妻為之作誄，諡號惠，故又名柳下惠。有弟為大盜，率眾九千人；莊子假借早於孔丘之前八十年的柳下季與孔丘對話，孔丘想去勸化其弟盜跖，以下是不同凡響的盜跖如何批評孔丘：

　　孔丘不聽柳下季的勸阻，執意要去教他的大盜弟弟，顏回駕馬車，子貢坐在孔子右邊，一起去到泰山之南，這時盜跖正好與匪徒們在休息，一邊燒烤人肝準備當晚餐，孔子下車上前，請執事的人傳話：「魯人孔丘聞將軍高義，恭敬的來此拜謁。」

　　屬下進入通報，盜跖聽了不高興，對手下說：「這個人是魯國的奸巧虛偽儒士！你去給我傳話：『你一向造言作語，自誇文武精通，頭上戴著奇形怪狀的帽子，腰上繫著死牛皮帶，多辭狡辯，荒唐謬說，不耕而食，不織而衣，只會搖唇弄舌，搬弄是非，迷惑天下君主，教壞天下學士，令他們忘歸其本，妄行孝悌，尋求功名，僥倖的話就被封為公侯，以干富貴！我瞧不起這種人！他的罪過太重！快滾吧！否則我也把他剖開來吃他的心肝！』」

　　很有恒心毅力的孔丘當然見不到人不會離去，又央求使者通報，終於見到了盜跖，這位大帥身長八尺二寸，面目有光，唇如朱砂，齒如齊貝，聲如黃鐘，孔丘展開三寸不爛之

舌，又來規勸他。

跖大盜不聽這一大堆仁義之道，反唇相激說：「你自己修文武之道，以巧言利辯教天下人，穿著寬衣、長袍、大帶、高帽，矯言僞行，迷惑各國君主，不過爲求富貴，再有多能幹的強盜，本事也不如你！奇怪呀！天下人爲何不稱呼你爲『盜丘』？反而叫我爲『盜跖』？

你以甜言蜜語說服子路，要子路跟隨你，他一向性直魯莽，行事衝動，換了高帽，解下長劍，受教於你，讓天下人讚美你孔丘能感化暴徒，能止暴禁非！你多有名氣呀！拿子路來做活廣告！好啦！後來子路欲殺衛莊公不成，反而被衛莊公剁成肉醬，屍身丟棄在濮陽城東門，是你教子路遭遇此刑！慘遭如此下場！你幹的好事！你自以爲是有才之士？是個聖人嗎？你自己再逐於魯，削跡於衛，窮於齊，圍於陳蔡，不容身於天下！你的道有什麼好處呢？」

盜跖能夠率領九千名部下也有他非凡的本事，不但學問好，精通歷史典故，口才更是一流，其兄柳下季形容他是：心思暢通如泉涌，意念迅疾若飄風。力強足以拒敵，文過足以飾非，他最擅長的是辱罵他瞧不起的人！此時孔丘已經後悔沒有採納柳下季的建言，這一趟前來，眞是自取其辱！

大帥盜跖繼續朗朗開罵，只不過他也會談到自己的人生觀：「我來教你一點人情世故吧！每個人生下來眼睛就是要看東西，耳朵就是要聽音聲，口要吃食，志氣欲求暢達，人壽上者百年，中者八十，下者六十，更有中夭者。除去病、死、傷、憂、患，其中開口而笑的，一個月當中只不過四、

五天而已，天與地都無窮，人命卻有限，以有限的生命存活在無窮的天地之間，匆促而過，像騏驥奔馳過隙一般！若再不悅其意志，養全壽命的話，就是不通大道的傻瓜。

你跟我說的一大套仁義之言，全都是我過去拋棄的垃圾，你所謂的道不過是汲汲營營，謀求奔競的技倆，詐巧虛偽又作假，根本不能保全真性，反而違反天然本心。你快走吧！別再說了！」

——盜

莊子雜篇的「盜跖」一文頗長，文氣活然，文采豐美，令人拍案叫絕！當然這只是莊子借用大盜的眼睛來看待孔丘，再借大盜的嘴來痛罵儒士，如此直言無諱當然會招來罵名，至少那些衛道之士會攻擊老莊，所以咱們中國歷史上一直有儒、釋、道三家之爭！孔子固然愛教訓人，莊周似乎也很…反正半斤八兩！相罵無好言！

第 19 則　太多事乎

　　孔丘一群人在森林中，找了一塊比較高的台地，那兒長著幾株杏仁樹，大家坐了下來休息，弟子們捧書在讀，孔子鼓琴絃歌，自得其樂。

　　有一位年老白髮的漁夫溯水划船至此，靠近岸邊，左手放在膝蓋上，右手撐著臉在傾聽，孔丘彈完曲子之後，老漁夫招手叫子貢、子路過去。

　　漁夫用手指指孔子，問他們：「那人是誰？」

　　子路先開口：「那位是魯國的君子。」

　　漁夫又問他是那一族？

　　子路回答：「孔氏一族。」

　　老漁夫又問：「孔氏是做什麼行業的？」

　　子路沒答話，子貢勉強回答：「孔氏這個人，性服忠信，身行仁義，飾以禮樂，排序人倫，對上忠於君主，對下化於百姓，抱負用以利天下，這就是孔氏的工作。」

　　老漁人很實際的問：「他有土地嗎？是某個邑國的君主嗎？」

　　子貢說：「沒有，他不是君主。」

　　老人又問：「那麼他是諸侯王公貴族的佐臣宰相嗎？」

　　子貢回答：「也不是！」

　　老漁夫冷笑著指出：「嘽！仁是仁矣！恐怕自身難保，只不過是苦心勞形且危害真性！哎呀！早著很哩！他離於

道太遠了！」

子貢把這些話稟報與孔丘，孔丘推琴而起說：「這是一位聖人！」趕快走向水邊，向老漁夫求教。

老漁夫見他尚且虛心，也就停下身形對他分析得深入一些：「同聲相應，同氣相求，同類相從，這是自然的道理。現在既然你虛心就教於我，那我也不客氣的有話直說，談一談我對你的看法。你所致力的不外乎人事。世間只有四等人：天子、諸侯、大夫、庶人，這四種人如果能各司其職，那就很完美了！要是不守本份，疏荒其位，就亂莫大焉！當官的有當官的公務，庶民有庶民的私事，官與民有其分界，不能侵犯。他們各自有範圍：

庶民所關心的是：如果田地荒蕪、屋子漏水、衣食不足、繳不起稅賦、家中妻妾不和、兄弟長少無序，這就成爲他們的苦惱。

大夫們關心的是：才幹無法勝任、官事治理不好、行爲不清白、欺壓良民、屬下荒怠、偷懶不做事、沒有績效，爵祿差事不保，這些令他們擔憂。

諸侯在乎的是：朝廷無忠臣、國家昏亂、工匠技術不好、偷工減料、四方貢品不良、春秋之季四方朝覲無序、不願順從天子，這是諸侯心中不安的苦惱。

天子也有他的憂慮：天地之間陰陽不調和、四季寒暑時序錯亂、農作物收成不好、管不住諸侯、發動暴亂、臣子宰相誅殺君主、搶奪王權、殘害人民、禮樂不節、財用匱乏、國庫窮困、人倫不整、百姓淫亂，這是天子的苦惱。

　　閣下！你現在既沒有君王諸侯的執政權勢，又沒有臣相官吏當差的身份，竟然還學宮廷裡的排場，擅飾禮樂，預選人倫，欲化齊民，你根本就未能謹守自己的本份，如此不是太多事了嗎？

　　我們再來談談人事吧！

　　所謂「人」，有八種瑕疵；所謂「事」，有四種弊病；你不妨看看自己犯了幾種？

　　八種做人的瑕疵是：不是你的事，你偏要去做，這叫濫擅，一把抓的意思。不看清楚就執意進言，這叫奉承之佞。揣測對方的心意，說些別人愛聽的話，這是諂媚。不擇是非亂講話是曲意奉承，不實稱譽的阿諛。好言他人之惡是讒言。故意拆散別人的交情，離背別人的親蜜友誼，破壞朋友關係叫做賊。表面稱譽自己，內心卻詐偽敗惡叫隱匿。不選擇善惡，左右逢迎，偷拔自己所欲求的，是陰險。這八種特性都是做人的喪德，對別人足以擾亂人心，對自己也會招來禍患，內喪天良，導致君子不與他為友，賢明的君主不會用他為臣相，這也是自取其咎呀！

　　至於四患是：喜歡經理國家大事，多變易常，朝三暮四，只是企求功名利祿，這叫做叨。以為自己有學問，懂得比別人多，專擅事務，侵犯別人的工作業務叫做貪。有過不改，別人相勸聽不下，執意更甚，這叫狠。別人只能隨順自己，不能反對；若有反對的，即使意見再好也惡意貶斥他，說他不行，這叫矜誇。

　　四患和八疵都是為人處世常見的毛病，先把這些毛病改

掉，才能談修道！」

——漁夫

　　以上這一大篇文章不能算是故事，而是藉著故事對孔丘說教，人與事的十二種瑕疵在生活中處處可見，自己若能不犯恐怕也真困難！猛然一看真是「罵禪」，莊子以做人處世的品德倒過來指點孔丘，告訴他：「你既不當官，又處處管當官的事；不是天子，偏又喜歡宮廷儀式排場，豈非不知身份？遭人恥笑！」

　　讀莊子這一段文章，才知道罵人要有內涵，不是潑婦罵街，也不是情緒泛濫，而是深入分析，合情合理，正中要害，令人啞口無言，稱之為「罵禪」並不虛誇，還要有相當功力才行呢！

　　莊子的寓言、重言、卮言雖然假藉輕鬆的形式，但是內容很實用，符合史實，析理深入，並不全然是輕浮的嘻笑怒罵，在莊子的荒唐故事裡有著沈潛深奧通達精闢的社會歷練，顯然這是「好為人師」的孔丘所欠缺的！

第20則　虛飾

　　魯哀公問顏闔：「我覺得孔仲尼很能幹，足以當棟樑材，國事交給他會有改善嗎？」

　　顏闔反對，找出孔丘的特質：「那就糟糕了！孔仲尼這個喜歡文飾，注重外表儀貌，經常飾羽而畫，從事華辭，說場面話，講的都是不重要的支支節節。背離了自然純真的本性來對待百姓，還不知道自己不切實際，他的言行舉止受到心神虛幻的操控，如何治理民眾呢？你想重用他嗎？這樣能夠安養撫育百姓嗎？不過是自誤誤人而已。使百姓背離現實生活，去學一些虛偽的仁義道德，這不是治理子民呀！你若為了後代子孫考慮，還是別用此人，他根本無能力當政！」

　　　　　　　　　　　　　　　　　　——列禦寇

　　魯哀公是孔丘有生之年的第三位魯君，孔丘六十八歲回到魯國時，魯哀公就位已經十一年，此時三桓家族季康子當政，這段故事假如是真的，應當發生在西元前四八四年，結果當然哀公沒有聘用他，只尊之為國老，賜予種種優厚的待遇，讓他安享餘年。孔子在此享了五年的福。

　　他回來的次年，兒子伯魚就死了，接著顏回中年夭折，再來是子路死於衛國的王君爭霸戰中，捲入刺殺君王的禍亂被剁成肉醬。

　　哀公十六年，孔子七十三歲，既老又病，做了一個夢：他夢到自己坐在兩楹之間。醒來後跟子貢講這個奇怪的夢，

分析説：夏朝的人死時，習慣殯屍在東階；周朝的人死時，殯屍在西階；商朝的人死時，殯在兩楹之間。孔氏祖先就是殷人，他是殷商的後代，自己心中有數，是該走的時候了！果然七天之後病歿。

　　孔子的第六感很靈驗，曾經夢見周公，這也是他醉心於古代宮廷禮儀文化的原因之一，不過他太固執於「靠著直覺走」不務實際，疏忽了現世，一直留戀響往著過去，佛教《金剛經》明白的昭示：過去心不可得！活在過去的人只是虛幻一場空。

後　絮

　　這本《莊子幽默禪》是寫給學生看的，尤其是給那些只懂生物科技，不懂人文哲學，但心中又有一絲絲渴望的年青人看的！

　　莊子的智慧與幽默是他令人喜愛的原因，在寫稿之時我心中猶疑著：會不會顯得太膚淺？好罷！我把莊子深奧的哲學和有趣的故事分開，不愛深思或沒時間深思的人可以看《莊子幽默禪》，若想再深入體會的人請看他的修養工夫禪、生死觀，至於最困難的知言邏輯，知識理論部份呢，再說吧！也許有第三冊，也許沒必要！也許…未來心不可得。

　　多年來一直有一個理念：最深奧的東西就在最簡單的事物中，最純的真理就在最簡單的語言中；中國人一向好簡，作畫愛留白，禪思不欲雜，多說多錯，不說又更錯！所以用這本《幽默禪》作為一道橋樑，向莊子招手，也向點點繁星招手！每一顆星都是一盞心靈，我願——我願——我願…

　　生死哲學再見！

參考書目

顏崑陽著,莊子的寓言世界,台北,尚友出版社,民國72年

朱榮智著,莊子的美學與文學,台北,明文書局, 民國81年

吳光明著,莊子,台北,東大圖書公司, 民國77年

陳鼓應註,莊子今註今譯,台北商務印書館,民國80年,十版

張成秋著,莊子篇目考,台北,台灣中華書局,1971

陳啓天著,莊子淺說,台灣中華書局,1978

錢　穆著,莊子纂箋,香港,東南印務出版社,1963

黃錦鋐著,莊子及其文學,台北,東大圖書公司,1977

郭慶藩著,莊子集釋,台北,台灣中華書局,1971

吳　怡著,禪與老莊,台北,三民書局,1961

王叔岷著,莊學管闚,香港,智廣書局,1978

張默生著,莊子新釋,台灣,綠州書局

陳鼓應主編：莊子與兩晉佛學般思想,文史哲出版社

　民國89年第二輯：崔大華撰莊子思想與兩晉佛學般若思
　　想

　民國89年第五輯：洪修平撰,老莊玄學與僧肇佛學

　民國89年第六輯：方立天撰,道與禪——道家對禪宗思想
　　的影響

　民國89年第八輯：張學智撰,憨山德清的以佛解老莊

李開濟著,華嚴禪,台北,文津出版社,民國85年

李開濟著,瑜伽神修與禪觀,台北,文津出版社, 民國86年